Christian Ahr

Papa, bald werde ich gehen

Vom Leben, Lieben und Loslassen.
Ein Vater erzählt.

Impressum

Lektorat und Redaktion:
Karen Christine Angermayer | www.angermayer-sorriso.com

Korrektorat:
Bianca Weirauch | www.lektorat-weirauch.de

Layout, Umschlaggestaltung und Satz:
Vera Fechtig | www.verafechtig.at

Verlag: BoD · Books on Demand GmbH, In de Tarpen 42,
22848 Norderstedt, info@bod.ch

Druck: Libri Plureos GmbH, Friedensallee 273,
22763 Hamburg

ISBN: 978-3-7597-7854-3

1. Auflage 2024
Dieses Buch ist auch als E-Book erhältlich.

Für Barbara

Eine unfassbare Frau und Mama,
die mit unendlicher Hingabe und Stärke
unsere Tochter unterstützt hat

Inhalt

Darum geht es

Die plötzliche schwere Erkrankung des eigenen Kindes wirft von jetzt auf gleich dein komplettes Leben über den Haufen. Nichts ist mehr so, wie es vorher einmal war. Deine Gefühlswelt spielt verrückt. Von absolutem Schock, Angst und Trauer bis hin zu Erleichterung, Freude und unendlicher Hoffnung ist alles dabei. Es wechselt in unvorhersehbaren Abständen ganz plötzlich von dem einen zum anderen. Du weißt oft nicht mehr, was du wirklich denken sollst, weil es morgen vielleicht schon wieder ganz anders aussieht.

Im Folgenden geht es um die Gefühls- und Gedankenwelt von mir, Christian, dem Papa von Marie-Christine sowie Papa unserer jüngeren Tochter Ann-Catherine und Ehemann von Barbara. Bei Marie-Christine wurde ein Hirntumor diagnostiziert, der zwar vollständig operativ entfernt werden konnte, sich aber als ein höchst aggressiver Krebs herausstellte und trotz Behandlungen immer wieder zurückgekommen ist. Heilungsaussichten bestehen quasi nicht. Allerdings sagen die Ärzte, es gebe in der Medizin kein 0 oder 100 Prozent, kein klares Schwarz oder Weiß, und Wunder gibt es immer wieder. Und so kann auch niemand genau sagen, wie lange sie noch leben wird und wie der Krankheitsverlauf weitergeht.

In diesem Buch findest du die Gedankensplitter von mir. Vieles, was mir in der Zeit durch den Kopf gegangen ist, habe ich aufgeschrieben. Es soll hier weniger die detaillierte Chronologie der Krankheit erzählt werden. Zum Verständnis der Gesamtsituation werde ich jedoch an bestimmten Stellen darauf eingehen. Sie bildet den roten Faden durch dieses Buch.

Der Unterschied, ob Papa oder Mama dieses Buch schreibt

Beim Schreiben dieser Texte kommt manchmal die Frage in mir auf, wie meine Frau dieses oder jenes beschrieben hätte. Es wäre klar, dass ihr Buch mindestens fünfmal dicker wäre als dieses, welches du gerade in den Händen hältst. Es hätte so viel mehr Details, es würde so viel mehr Wut, Ärger, Trauer und auch Dankbarkeit beschreiben, als es für mich möglich ist. Aber genau darum geht es ja in diesem Buch: Wie erlebe ich als Papa die ganze Situation und was verspüre ich dabei? Wundere dich deshalb nicht, wenn viele meiner Gedanken eher knapp gehalten sind. Ist vielleicht auch so ein Männerding.

Der Beginn – das passiert nur den anderen

Schlimme Schicksale, Rückschläge und bedrohliche Krankheiten hört man immer nur von anderen. «Uns» passiert das zum Glück nicht. Und so nimmt man Kenntnis von den traurigen Ereignissen bei anderen, doch wirklich begreifen tut man nicht, was bei den Betroffenen vorgeht.

Bis du selbst betroffen bist. Ich schreibe diese Zeilen in dem Moment, wo unsere achtjährige Tochter Marie-Christine operiert wird. Seit einigen Wochen klagte sie immer wieder über Übelkeit und Kopfschmerz, in den letzten Tagen kam doppeltes Sehen dazu.

Der Kinderarzt riet uns abzuwarten, es könnten alles Symptome eines viralen Infektes sein. Der Augenarzt dagegen sah verdickte Sehnerven, ein Alarmzeichen! Sofort erfolgte die Notfall-Überweisung ins Kantonsspital Aarau (KSA), die stationäre Einweisung, am nächsten Tag ein MRI (Kernspintomografie) vom Kopf. Befund: eine sogenannte «Raumforderung», sprich, Tumor im Hirn. Gut- oder bösartig – nicht zu erkennen. Durchmesser circa fünf Zentimeter. Direkte Überweisung ans Kinderspital Basel (UKBB), wo die besten Kinder-Neurochirurgen der Schweiz tätig sind. Aufnahme auf die Intensivstation. Das war gestern Nachmittag. Heute Morgen, Samstag um zehn Uhr, begann die OP.

Ein Befund, den nur eins von 100.000 Kindern in dem Alter bekommen. Warum genau unser Kind? Weil es ein ganz besonderes ist? Weil es ein ganz besonderes ist!

Vor der OP: Wie geht es ihr? Sie ist bei klarem Verstand. Und sie hat Angst. Sie ist sauer, wütend und traurig. Aber sie will alles ganz genau wissen. «Was ist da los mit mir? Ich will, dass das Ding wieder verschwindet.» Sie ist sehr klar, was sie wissen will und was sie von der OP erwartet. «Ich werde stinkesauer, wenn ich daran sterben würde», sagt sie. Wie krass ist das? Sie ist so tapfer, sie macht das so gut mit. Und was macht das mit mir? Es bricht mir fast das Herz. Nicht unbedingt, weil ich Angst davor habe, dass sie sterben oder folgenschwere Schäden davontragen könnte. Es ist vielmehr all das, was sie nun durchmachen muss. All die Ängste und Ungewissheiten, all die ungewohnten Dinge, all die Schmerzen, das Nicht-zur-Schule-gehen-Können, Erst-mal-nicht-mit-Freunden-spielen-Können. Wir als Mama und Papa können ihr nah sein, ihr vieles erklären, aber abnehmen können wir ihr fast nichts.

Spätestens jetzt weiß ich, wie sich andere Betroffene fühlen müssen. Und wie sehr ich sie liebe.

Die erste OP und der weitere Verlauf

Die OP dauerte drei Stunden. Der Arzt sagte, er habe alles entfernen können. Erste Erleichterung. Sie erholte sich nach der OP sehr gut. Montagmittag dann die Verlegung von der Intensivstation auf die Station in ein Einzelzimmer. Es war unglaublich zu sehen, wie schnell Marie-Christine wieder fit wurde. Natürlich noch schlapp von der OP, jedoch war sie sehr schnell wieder klar im Kopf, konnte sich über das Essen beschweren und mit den Eltern meckern. Welch gutes Zeichen!

Auch alle Ärzte und Pflegerinnen, die sie besuchten, konnten ihren Augen kaum glauben, wie denn dieses Mädchen so kurz nach einer schweren Hirn-OP wieder so fit sein konnte.

Ein Kinderspital ist deshalb so besonders, weil man versucht, den Kindern die Zeit zu verkürzen. Da kommen einfach mal drei Clowns vorbei und machen so ihre Späßchen miteinander und auch mit den Kindern. Marie-Christine konnte ein paarmal herzhaft auflachen und den Clowns erklären, wie man denn jetzt bitte den Ballon richtig aufbläst und einen Knoten reinmacht, ohne dass immer noch ein Finger eingeklemmt ist.

Die Musikfrau, die ebenfalls vorbeischaute, passte mit ihrer riesengroßen rollbaren Kiste kaum durch die Tür. Sie hatte alles Mögliche dabei: ein Akkordeon, ein Xylophon, Trommeln, Ukulele, Gitarre ... und ein sogenanntes Hang. Ein tolles Instrument, das aussieht wie ein metallenes Ufo. Man hat damit vielleicht schon mal einen Straßenkünstler in der Einkaufsstraße gesehen. Es wird entweder nur mit den Händen gespielt oder man schlägt mit Schlegeln darauf. Das Tolle ist: Man kann sich mit ein bisschen Taktgefühl überhaupt nicht damit «verspielen», da es nur acht bis zehn Töne wiedergibt, die alle toll klingen. Jedes noch so freie Improvisieren klingt immer gut. Und so haben wir zu dritt darauf gespielt. Der Rhythmus hatte etwas Meditatives. Wir haben minutenlang gespielt. Ganz ohne ein Wort.

Die Nachricht, die keiner hören wollte

Es ist Dienstag, drei Tage nach der Operation. Die Diagnose beziehungsweise der histologische Befund des Tumors ist da. Die Kinder-Onkologin aus Aarau ist gekommen. Wir sprechen zusammen mit ihr und dem Neurochirurgen. Der Tumor ist ein sogenannter **ATRT**, ein seltener und sehr aggressiver Tumor, von dem es im letzten Jahr genau 13 Fälle in Deutschland gab. Es ist ungewöhnlich, dass man diese Krebsart noch mit acht Jahren bekommt. Normalerweise bekommen ihn nur Kleinkinder. Dies ist ein Glück im Unglück, erhöht es doch die Erfolgsaussichten einer Behandlung, weil Marie-Christine in ihrem Alter anders behandelt werden kann als kleinere Kinder. Dennoch braucht es eine komplette Behandlung, was bedeutet: nach der Operation auch Chemo und Bestrahlung.

Für uns als Eltern war die Diagnose ein Schock. Krebserfahrung hatten wir bereits in der Familie. Die Oma ist nach fünf Jahren Kampf gegen den Krebs erst vier Wochen vor der Diagnose bei Marie-Christine an Krebs gestorben. Und nun unsere Tochter! Ein hochaggressiver, seltener Tumor. Von jetzt auf gleich ändert sich das komplette Leben. Und der Tod guckt um die Ecke.

Nun galt es noch, Marie-Christine die Diagnose mitzuteilen. Und dass sie am nächsten Tag nochmals operiert werden müsse, da man auf dem neuesten MRI letzte Reste des Tumors entdeckt hat. Die erneute OP machte uns allen große Angst. Es sollte wieder eine Operation am Hirn sein, mit all den Risiken, die ein solcher Eingriff mit sich bringen kann. Wir reden schließlich vom Hirn! Die Nacht war kurz. Mama und Tochter haben noch lange miteinander gesprochen. Marie-Christine hatte viele Fragen. Es wurde viel geweint.

Ein atypischer teratoider/rhabdoider Tumor (ATRT) ist ein seltener, hochgradig bösartiger Hirntumor, der hauptsächlich bei Kleinkindern auftritt. ATRT macht etwa zwei bis drei Prozent aller Hirntumoren bei Kindern aus und tritt überwiegend in den ersten Lebensjahren auf. Die Symptome variieren je nach Lage des Tumors im Gehirn und umfassen häufig Übelkeit, Erbrechen, Schläfrigkeit und Schwindel. Die Behandlung umfasst eine Kombination aus Operation,

Chemotherapie und Strahlentherapie. Eine vollständige Entfernung des Tumors ist oft schwierig. Die Prognose ist leider oft ungünstig, insbesondere bei sehr jungen Kindern. Die Fünf-Jahres-Überlebensrate liegt bei etwa 40 Prozent.

Die zweite OP und andere Komplikationen

Es ist Mittwoch. Erst langes Warten auf die OP. Was für Marie-Christine auch bedeutet, den ganzen Vormittag nüchtern zu bleiben. Erst um 14 Uhr geht es auf den Weg zum Operationssaal. Bis zur Narkose dürfen wir bei ihr bleiben. Danach das lange Warten. Wir hatten die Information, dass die OP nur zwei Stunden dauern sollte. Doch der Arzt kam einfach nicht. Ist etwas schiefgelaufen? Warum dauert das denn so lang? Hoffen und Bangen, nicht wissen, was wir mit uns anfangen können. Erst um 19 Uhr kam der Arzt zu uns. Es dauerte ein bisschen länger, da man noch Ports für die kommenden Chemo-Behandlungen gelegt hat. Kann man das nicht vorher schon sagen?

Nach der OP das gleiche Spiel wie nach der ersten. Marie-Christine kommt auf die Intensivstation. Dieses Mal bin ich rund um die Uhr bei ihr. Auf einer Art Liegestuhl versuche ich, in der Nacht zu schlafen. Es ist kalt im Raum. Mit einer Decke versuche ich, mich halbwegs warm zu halten.

Rundherum piepst und blinkt immer etwas. Pflegerinnen kommen und gehen. Andere Kinder sind zu hören, denen es auch nicht gut geht. Aber Marie-Christine schläft.

Meine Frau Barbara hatte zu dieser Zeit schon sehr starke Schmerzen an der Bandscheibe. Wir hatten also nicht mehr bloß eine Patientin im Kinderspital, sondern auch noch die Mama, die sich nur noch unter größten Schmerzen bewegen konnte.

Die Pflegerinnen haben sich rührend um sie gekümmert. So wurde eine Physiotherapeutin gerufen und ihr wurden stärkere Schmerzmittel verschrieben. Sie hat sogar ein eigenes Krankenbett bekommen, weil es anders nicht mehr ging. Schließlich wurde sie auch in die Intensivstation gerollt, damit sie unsere Tochter sehen konnte.

Und so hatte ich zwei Patientinnen, die ich im Spital zu versorgen hatte. Ein Fulltime-Job!

Die Tage vergingen. Marie-Christine erholte sich erneut sehr schnell von der Operation. Und sie zog den Tumor-Joghurt-Vergleich: «Wenn ein Joghurt schon mehrere Wochen abgelaufen ist, dann bildet sich aus dem Nichts Schimmel. Der

Deckel wölbt sich und wenn man ihn aufmacht, sieht man die schimmelige Masse. Ähnlich wie mit meinem Tumor.» Ihr war klar, dass die OPs erst der erste Schritt auf dem Weg zur Heilung sein sollten.

Samstag war dann Waschtag. Frisch machen, umziehen, erste Schritte gehen. Gute Laune bei ihr, große Erleichterung bei uns. Sie sang sogar wieder, während sie Musik über die Kopfhörer hörte. Wie schön, das zu sehen!

Meine Gefühlslage in den ersten Tagen

Die ersten Tage sind vergangen. Das Leben besteht aktuell eigentlich nur aus Pendeln zwischen Spital und Zuhause. Die Betreuung meiner Töchter und auch meiner Frau stehen im Vordergrund.

Es ist unglaublich, bei welchen Gelegenheiten mir Gedanken kommen, die bei mir sogleich eine große Trauer auslösen und Tränen kommen lassen. So zum Beispiel, als ich für meine Frau in einem Sportgeschäft eine Besorgung machen muss.

Zuerst komme ich an der Skiabteilung vorbei. Mir wird klar, dass es in diesem Winter kein Skifahren mit Marie-Christine geben wird. Dann kommt die Fahrradabteilung – wann wird sie wieder auf ihrem Velo sitzen? Ah, da vorne gibt es Mützen – wird sie wohl bald brauchen, weil sie eine Glatze bekommen wird.

Die erste Chemo startet bald.

Welches Erlebnis teilst du mit deinem Kind?

Vor zwei Jahren erzählte mir eine Arbeitskollegin, dass sie für ihren Sohn Karten für ein Champions-League-Spiel des FC Bayern München kaufen wollte. Meine Kollegin ist alleinerziehend mit zwei Kindern und arbeitete in Teilzeit. Ich sagte: «Wow, das ist sicherlich nicht günstig, oder?» Aber sie meinte zu mir: «Christian, das wird ein Erlebnis sein, von dem mein Sohn auch noch Jahre später berichten wird.»

Das ist hängen geblieben bei mir und so habe ich überlegt, welches bleibende Ereignis ich mit meiner Tochter Marie-Christine erleben könnte. Wir sind beide große Fans von Coldplay. Obwohl das Konzert in Zürich komplett ausverkauft war, habe ich noch zu einem ziemlich hohen Preis zwei Tickets ergattern können. Also sind wir an diesem Sonntagnachmittag nach Zürich ins Letzigrund gefahren und haben ein supertolles Konzert erlebt. Marie-Christine hatte eine riesengroße Freude an diesem Konzert. Sie ist rumgesprungen und hat sogar einen dieser überdimensionalen Ballons eingefangen, die bei einem Song ins Publikum gegeben wurden.

Sieben Wochen später kam die Diagnose mit dem Tumor. Besonders in der Zeit in Basel, in der sie operiert worden ist, haben wir oft die Lieder von Coldplay gehört. Dort hat sie auch immer wieder ihr T-Shirt vom Konzert angezogen, obwohl es ihr viel zu groß war, und der Musiktherapeut in Basel hatte sogar extra Coldplay-Lieder für sie einstudiert.

An was erinnern mich die Lieder von Coldplay? An etwas ganz Besonderes. An meine Tochter. Und auch wenn die Songtexte von etwas anderem erzählen, sind Titel wie «Viva la Vida», «A Sky Full of Stars» und «Adventures of a Lifetime» prägende Leitsprüche für mich in der aktuellen Zeit, mit denen ich etwas Besonderes verbinde.

Konkrete Hilfsbereitschaft und wortlose Hilflosigkeit

So ein Ereignis behältst du nicht für dich. Und so haben wir sehr schnell unsere Nachbarn, die Lehrer, die Klassenkameraden und die Eltern der Mitschüler über die Situation informiert. Und zwar nicht nur von Marie-Christine, sondern auch von unserer jüngeren Tochter Ann-Catherine (siehe auch hinten im Buch die Briefe an die Eltern).

Ein dringendes Anliegen war für uns, wie und wohin wir unser Au-pair «auslagern» konnten, das bei uns wohnte, denn wir benötigten sofort ihr Zimmer für die Großeltern, die nun (wie wir damals natürlich noch nicht wussten) für die kommenden acht Monate bei uns leben sollten. Und so haben wir Nachbarn und Eltern gefragt, ob sie zufällig von einem freien Zimmer in der Gegend wissen würden. Zwei Nachbarn haben spontan ihr Haus für zwei Wochen angeboten, weil sie selbst in den Ferien waren. Eine andere Nachbarin hat für uns ein Zimmer in einer Wohnung angeschaut, welche uns wiederum von einer anderen Nachbarin genannt wurde.

Andere Nachbarn haben uns Kuchen und Geschenke vorbeigebracht und angeboten, Ann-Catherine über Mittag zu sich zu nehmen. Wir waren sehr dankbar für die Nachbarschaftshilfe.

Häufig ist es ja so, dass wir uns schwertun, auch wirklich die angebotene Hilfe anzunehmen. Irgendwie will man es ja doch lieber selber schaffen, den anderen nicht noch Arbeit machen – und wenn es doch so ist, möchte man sich gleich sofort mit einem Geschenk dafür bedanken. Aber in dieser Situation haben wir jede Hilfe angenommen, die wir bekommen konnten.

Wir stellten auch fest, dass einige Leute mit einer derartigen Situation nicht umgehen können. Natürlich fehlen den allermeisten Menschen die Worte, wenn sie hören, dass Marie-Christine ein schweres Schicksal mit offenem Ende erfährt. Deshalb erlebt man auch oft diese wortlose Hilflosigkeit.

Viele Leute wollen aber wirklich helfen und sie tun es auch gern, wenn man sie fragt. Umgekehrt würdest du es wahrscheinlich genauso tun und deine Hilfe anbieten. Aber es ist ein großer Unterschied, ob jemand sagt: «Wenn ich dir irgendwie helfen kann, dann melde dich» oder ob er sagt: «Ich kann Ann-Catherine morgen nach der Schule mit zu uns nehmen. Es gibt Spaghetti zum Mittag und danach kann sie so lange bei uns bleiben, wie es für euch hilfreich ist.» Merkst du den Unterschied?

Mama, danke,
dass Du diesen schweren Weg
mit mir gehst.

Zettel von Marie-Christine
für ihre Mama

Die Chemos

Ein in Europa anerkanntes Protokoll für die Behandlung dieser Krebsart sieht vor, dass es insgesamt zwölf Chemo-Zyklen im Abstand von jeweils zwei bis drei Wochen gibt. Die dabei eingesetzten sogenannten **Zytostatika** variieren von Zyklus zu Zyklus, sodass sich die Krebszellen nicht auf ein bestimmtes Medikament einstellen können.

Ein Zyklus bedeutet jeweils einen zwei- bis viertägigen Aufenthalt im Spital, wenn es zu keinen schwereren Nebenwirkungen kommt. Das Zytostatikum wird meistens intravenös (injizieren durch die Vene), manchmal auch intrathekal (injizieren direkt in den Liquorraum im Hirn) verabreicht.

Eine Woche nach der letzten OP startete die Chemotherapie. Die erste Chemo haben wir am UKBB gemacht, weil wir uns dort einfach gut aufgehoben gefühlt haben. Das lag zum einen an dem modernen Gebäude und den großzügigen Einzelzimmern, zum anderen auch an den Medizinern und Pflegenden vor Ort. Allerdings liegt das UKBB 45 Minuten mit dem Auto von uns entfernt.

Im UKBB gab es sehr viel Abwechslung, ja teilweise sogar Stress. So konnte es vorkommen, dass an einem Tag zuerst die Physio, danach die Ergo jeweils für Übungen stattfanden und außerdem noch die Schultherapeutin zum Basteln, die Kosmetikerin zum Nägel lackieren sowie die Clowns und die Musiker vorbeikamen.

Das KSA liegt dagegen nur drei Minuten zu Fuß von unserem Zuhause entfernt. Das Kinderspital des KSA ist ein alter Bau. Alles ist beengt, die Einzelbelegung eines Zimmers eher die Ausnahme als die Regel und teilweise gibt es auch Zimmer, die kein eigenes WC haben. Auch am KSA waren die Pflegenden immer sehr hilfsbereit und freundlich. Bei den Kinderonkologen hatten wir damals auch ein gutes Gefühl.

Aufgrund der kurzen Wege haben wir uns für die weiteren Behandlungen dann für das KSA entschieden. Eine schlechte Wahl, wie sich später noch herausstellen sollte.

Es war einfach praktisch, da wir sehr schnell bei Marie-Christine sein konnten. Ah, wir haben vergessen, dir etwas mitzubringen? Kein Problem, ich radele schnell heim und hole es dir. Dir schmeckt das Essen heute nicht? Okay, ich bringe dir etwas von zu Hause mit.

Allerdings waren die Tage im KSA ziemlich langweilig. Es gab wenig Rahmenprogramm. Das Tablet zum Hören von Geschichten oder Schauen von Serien war für Marie-Christine der beliebteste Zeitvertreib.

Sie meisterte diese ersten Chemos sehr bravourös. Mama oder Papa waren immer an ihrer Seite. Meistens jedoch Mama.

Die Nächte im KSA waren für uns alle ein Elend. Ein komplettes Abdunkeln des Raumes war fast nicht möglich. Tagsüber gab es Baulärm vor dem Fenster, nachts immer wieder Geräusche aus den Nebenzimmern. Wir waren jedes Mal froh, wenn wir wieder nach Hause gehen konnten.

Zytostatika sind natürliche oder synthetische Substanzen, die das Zellwachstum und die Zellteilung hemmen. Sie werden hauptsächlich in der Chemotherapie zur Behandlung von Krebserkrankungen eingesetzt, da sie besonders effektiv gegen schnell wachsende Tumorzellen wirken.

Diese Substanzen greifen in den Zellzyklus ein und verhindern, dass sich Tumorzellen teilen und verbreiten. Nebenwirkungen können unter anderem Haarausfall, Übelkeit und eine Schwächung des Immunsystems sein.

Haare und Glatze

Während der dritten Chemo fallen ihr die Haare aus. Wir haben sie bewusst nicht schon vorher kürzer geschnitten. Marie-Christine kann sie sich büschelweise vom Kopf nehmen. Sie schmeißt sie jedoch nicht weg, sondern sammelt sie in Tüten. Wer weiß, wozu man die noch mal brauchen könnte.

Den Verlust ihrer Haare nimmt sie relativ gelassen. Es ist ihr auch häufig recht egal, dass man durch den Kahlkopf die große Narbe am Kopf sieht, die sich vom einen zum anderen Ohr zieht und noch nicht komplett verheilt ist.

Zwei Jahre vorher hatte sie einmal bei einem Friseur ihre langen Haare so kurz schneiden lassen, dass aus den abgeschnittenen Haaren eine Perücke für ein bedürftiges Kind entstehen konnte. Nun wird sie diejenige sein, die genau solch eine Perücke bekommen wird.

Was nun auch sehr deutlich wird, ist das große Liquorkissen links an der Stirn. Das Liquorkissen ist wie eine große Beule und entsteht durch überschüssige Gehirnflüssigkeit, die nicht sogleich abfließt. Eine Folge der Operationen.

Man hofft, dass sich dieses Kissen über die Zeit wieder selbst zurückbildet. Ist dies nicht der Fall, besteht die Möglichkeit, dem Patienten einen sogenannten **Shunt** einzusetzen, um den Abfluss sicherzustellen. Bei Marie-Christine hatte man in diesem frühen Stadium nach den Operationen noch davon abgesehen. Ein weiterer Fehler, wie sich erst Monate später zeigen sollte.

Wir als Eltern hatten uns sehr schnell an ihr neues Aussehen gewöhnt. In der Öffentlichkeit trug sie gern Mützen. Sie hatte aber auch keine Skrupel, sie auszuziehen und zu schauen, wie andere auf das «Antlitz der Glatze» reagieren. Bei Besuchen in ihrer Schulklasse erlaubte sie den Mitschülern gar, dass sie einmal über den Kopf streicheln dürfen.

Ihre eigene Perücke hat Marie-Christine dann übrigens bekommen. Getragen hat sie diese jedoch nur selten. Zu unbequem, zu schwer und zu warm. Und sie wohl auch zu uneitel.

Ein Shunt ist ein medizinisches Schlauchsystem, das verwendet wird, um überschüssige Gehirnflüssigkeit (Liquor) aus den Hirnkammern abzuleiten. Ein Shunt besteht in der Regel aus einem dünnen Kunststoffschlauch, der unter der Haut vom Kopf bis in eine andere Körperhöhle wie den Bauchraum verläuft. Ein Ventil im Shunt sorgt dafür, dass die Flüssigkeit nur bei einem bestimmten Druck abfließt. Es gibt einige mögliche Komplikationen, wie Unterdrainage (zu wenig Flüssigkeit wird abgeleitet) oder Überdrainage (zu viel Flüssigkeit wird abgeleitet), was zu weiteren gesundheitlichen Problemen führen kann.

Die Bestrahlungen

Das Behandlungsprotokoll sah nicht nur die Chemotherapie vor, sondern auch eine Strahlentherapie. In ihrem Fall sollte dies nicht die weitverbreitete **Photonentherapie**, sondern die effektivere Protonentherapie sein.

In der Schweiz gibt es einen einzigen Ort für diese Behandlung, das Paul-Scherrer-Institut (PSI). Glücklicherweise wohnen wir nur 35 Minuten vom PSI entfernt. Denn es sollten 30 Bestrahlungen innerhalb von sechs Wochen werden. Dies bedeutete, von Montag bis Freitag jeden Tag dort hinzufahren.

Nun ist es so, dass man für diese Bestrahlung für zehn bis 15 Minuten sehr ruhig liegen muss. Man darf sich nicht bewegen und wird zusätzlich so fixiert, dass man es auch fast nicht mehr könnte. Weil dies für Kinder alles nicht sehr angenehm ist, bekommen Kinder vor der Bestrahlung eine Narkose.

Marie-Christine liebte diese Narkosen. Jeden Tag ist sie freudig ins PSI gegangen. Sie freute sich auf das tägliche sanfte Hinwegschlummern. In dieser kurzen Phase des Einschlummerns haben ihre Mama Barbara oder ich jeweils eine kurze Trance gesprochen, die sie in ihrer Vorstellung auf eine Wiese mit vielen Hunden versetzte. Und so ist sie jedes Mal mit schönen Gedanken und einem Lächeln im Gesicht eingeschlafen.

Die Narkose bedeutete auch, dass sie nüchtern sein musste. Teilweise zog sich die Bestrahlung bis elf Uhr hin. Sie nahm das alles sehr gelassen hin. Aber nach dem Aufwachen brauchte sie SOFORT etwas zu essen. Und so hatten wir immer eine große Auswahl dabei: Schinkenröllchen, Tomaten mit Mozzarella, eine warme Suppe, einen Tee, etwas Süßes ... und viele andere Sachen.

Was ihr danach immer ganz wichtig war, war der tägliche Dank an das Team. Denn das war ihr ein großes Anliegen. Das Team beinhaltete die Damen im Sekretariat, die Anästhesisten, die Pflegerin und die Ärzte. Sie ging nach dem Essen umher und verteilte einzigartige Bonbons, die es nur bei der Zuckermanufaktur in Wien gibt. Jeden Tag verteilte sie eine neue Geschmackssorte.

Und so zog sich solch ein PSI-Besuch mit allem Drum und Dran gerne mal über vier bis fünf Stunden – täglich.

Die Protonentherapie bietet im Vergleich zur Photonentherapie mehrere Vorteile:

Protonen können millimetergenau auf das erkrankte Gewebe ausgerichtet werden, was eine sehr präzise Behandlung ermöglicht. Durch die präzise Ausrichtung der Protonenstrahlen wird das umliegende gesunde Gewebe weniger belastet, was zu geringeren Nebenwirkungen führt. Die durchschnittliche Strahlenbelastung von Gewebe außerhalb des Zielvolumens ist bei der Protonentherapie signifikant geringer als bei der Photonentherapie. Besonders bei der Kombination mit Chemotherapie zeigt die Protonentherapie eine bessere Verträglichkeit.

Diese Vorteile machen die Protonentherapie zu einer vielversprechenden Option, insbesondere für Patienten, bei denen eine hohe Präzision und Schonung des umliegenden Gewebes wichtig sind.

Die Schulklasse als Kraftspender

Die Klassenlehrerin von Marie-Christine war unglaublich und eine nicht versiegende Quelle von kraftspendenden Aktionen. Fast täglich gab es von ihr und der Klasse eine Sprachmitteilung, wo Marie-Christine darüber informiert wurde, was in der Klasse so lief. Außerdem wurden von den Kindern Anekdoten und Witze erzählt.

Und dann gab es immer wieder Sonderaktionen. An einem Tag hatte die Klasse einen selbst komponierten Rap-Song inklusive Tanzeinlage einstudiert und Marie-Christine per Video geschickt. Ein anderes Mal hatten sie ein riesiges geschmücktes Herz im Wald erstellt. Zudem legten manche Kinder immer mal wieder eine Karte mit einem kleinen Geschenk für Marie-Christine in den Briefkasten.

Und sie antwortete. Mit einer Sprachmitteilung und manchmal auch im Detail, indem sie erklärte, wie der weitere Behandlungsablauf sein würde. Sie sagte: «Alle diese Nachrichten und Aktionen von meiner Klasse geben mir so viel Kraft, es ist schön, so oft von meiner Klasse zu hören.»

Schulbesuche sind für Marie-Christine aufgrund der vielen Arzttermine, der mangelnden Kraft und Ausdauer und aufgrund der möglichen Ansteckungsgefahr mit wenigen Ausnahmen nicht möglich ... und sollten es für das ganze Schuljahr nicht sein.

Ich will mein Kind nicht verlieren!

Ein immer wiederkehrender Gedanke

Tapfer und so viel mehr

Alle Geschütze, welche die moderne Medizin bereithält, wurden nun für Marie-Christine aufgefahren. Viele Chemos und Bestrahlungen neben einer Vielzahl von Spritzen und Medikamenten, die nicht gut schmecken und auch Nebenwirkungen haben. Und die Angst machen. Vielleicht schmerzen ein Einstich und eine Injektion nur für Sekunden, dennoch ist die Angst real und man kann es seinem Kind doch nicht ersparen. Widerspruch und Verweigern sind keine Option, auch wenn es noch so sehr dagegen ist. Und dir als Papa blutet das Herz, wenn es doch zu passieren hat.

Wir bekommen oft die Rückmeldung, Marie-Christine sei so tapfer. Das ist sie ohne jeden Zweifel. Aber sie ist mehr. Für mich ist sie, wie man im Englischen sagt, «brave». Denn dieses Wort enthält für mich auch Attribute wie mutig und beherzt sein, unerschrocken sein, gegen etwas trotzen, die Stirn bieten und couragiert sein. Das alles ist sie. Und sie nimmt die Situation mit all den vielen Entbehrungen gelassen an. Welch ein Vorbild!

Wie viel Vorbereitung auf den «Tag danach» ist richtig?

Eines Tages bin ich auf den Friedhof gegangen. Ich wollte sehen, wo die Abdankungshalle ist und ob es einen speziellen Ort für Kindergräber gibt. Und diesen gibt es tatsächlich. Ein kleiner Bereich mit wenigen Gräbern und noch viel Platz. Es ist offensichtlich. Es sterben nur wenige Kinder. Aber warum ausgerechnet meins?

Ich mache mir Gedanken, an welchem Ort wir nach der Beerdigung mit Freunden und Verwandten noch etwas essen und trinken gehen können. Ich gehe im Kopf durch, wen wir alles einladen sollten. Wird auch ihre Schulklasse kommen?

Und gleichzeitig lebt mein Kind. Im Hier und Jetzt. Es ist nicht tot. Ich frage mich, ob das ein Verrat am eigenen Kind ist. Bin ich ein schlechter Vater?

Bei Fragen wie diesen ist es hilfreich, eine Psychologin aufsuchen zu können. Ich mache es viel zu wenig und nicht auf regelmäßiger Basis, sondern vereinbare erst dann einen Termin, wenn mir etwas auf der Leber liegt. Mit ihr habe ich die Frage des Verrats besprochen. Ich wollte wissen, wie andere Eltern in der Situation gehandelt und gedacht haben.

Sie konnte mich beruhigen. Sie sagt, es ist für uns Menschen ganz normal, in Szenarien zu denken. Wir stellen uns auf verschiedene Alternativen ein und warten nicht ab, bis etwas eingetreten ist.

Ohne dieses Gespräch hätte mich diese Frage sicherlich länger gequält.

Die Arbeit und das Kind

Ich habe eine Leitungsfunktion in meinem Job. Personen verlassen sich auf mich und benötigen oft schnelle Antworten. Doch ich kann kaum den morgigen Tag voraussehen. Wie unterstütze ich meine Familie und verbringe gleichzeitig Zeit mit meiner Tochter, besonders wenn die Aussichten für Marie-Christine nur wenige Wochen oder Monate betragen?

Es ist ein großer Spagat. Auf der einen Seite möchte ich meiner Tochter, nein, beiden Töchtern beistehen und für meine Frau da sein, ohne mir später Vorwürfe machen zu müssen, etwas versäumt zu haben. Auf der anderen Seite steht der Job, der uns ernährt und ein unbeschwertes Leben ermöglicht. Ein Job, der auch von der bitteren Realität ablenkt, dass sie sehr wahrscheinlich bald nicht mehr da sein wird.

Wie viel Arbeit ist also noch vertretbar? Soll man sofort alles stehen und liegen lassen, um nur noch zu Hause zu sein und Zeit mit dem Kind zu verbringen? Oder ist der Job die willkommene Abwechslung, trotz des großen Spagats zwischen gemeinsamer Zeit mit der Familie und Pflichtbewusstsein, weil einige wichtige Themen jetzt angegangen und umgesetzt werden müssen? Manche Aufgaben dulden keinen Aufschub, da sie das Unternehmen massiv schädigen könnten. Aber was wäre, wenn ich morgen komplett ausfalle? Jemand anderes würde für mich einspringen, aber zu wessen Lasten? Kann dies schlimmer sein als verpasste Zeit mit dem eigenen Kind?

Es wird wohl immer ein Spagat bleiben.

Es ist absehbar,
aber nicht vorstellbar.

Mama

Der Rückfall – alles umsonst gewesen?

Während einer Krebstherapie gibt es immer wieder Erfolgskontrollen. Im Falle eines Hirntumors schaut man zum einen regelmäßig (circa alle sechs bis acht Wochen) MRI-Bilder an, zum anderen entnimmt man Liquorflüssigkeit aus dem Rückenmark oder im Kopf, um die Tumorzellen zu zählen (oder im Idealfall keine mehr zu finden).

Eine Zeit lang entwickelte sich alles in die richtige Richtung. Ja, es gab sogar die Feststellung, dass keine Tumorzellen mehr zu sehen sind. Dies ist dann nicht gleichbedeutend mit «tipptopp, ich kann also mit der Behandlung aufhören». Das Protokoll sagt, dass die Behandlung zu Ende geführt werden muss, da Tumorzellen noch in so kleinen Dosen im Organismus sein können, dass sie mit den Untersuchungen nicht gefunden werden können.

Nach 30 Bestrahlungen und der neunten Chemotherapie gab es wieder ein MRI. Kurz nach dem MRI bekamen wir einen Anruf der Ärzte, wir mögen bitte innerhalb der nächsten Stunden vorbeikommen. Uns wurde eröffnet, dass es bei Marie-Christine zu sogenannten **leptomeningealen Metastasen (LMD)** gekommen ist. Dies bezeichnet die Ausbreitung von Tumorzellen in die weichen Hirnhäute.

Uns wurde mitgeteilt, dass die Heilungschancen bei LMD sehr gering sind. Die Überlebenszeit kann von wenigen Tagen bis hin zu wenigen Monaten reichen.

Nach sieben Monaten des Hoffens und Bangens, der unzähligen Nächte im Spital, der großen Vorsicht der ganzen Familie, sich ja nicht irgendwo anzustecken, um Marie-Christine nicht zu gefährden, sollte das alles umsonst gewesen sein?

Eine starke Waffe mit zumindest aufschiebender Wirkung blieb uns jedoch noch.

Leptomeningeale Metastasen (LMD) sind eine ernste Komplikation bei fortgeschrittenem Krebs. Sie treten auf, wenn sich Krebszellen von einem Primärtumor ausbreiten und die Leptomeningen, also die weichen Hirnhäute, sowie die cerebrospinale Flüssigkeit (Liquor) befallen.

Diese Metastasen können von verschiedenen Krebsarten stammen. Die Symptome können vielfältig sein und umfassen Kopfschmerzen, Übelkeit, neurologische Ausfälle und kognitive Beeinträchtigungen.

Die Behandlungsmöglichkeiten sind begrenzt und beinhalten oft eine Kombination aus Strahlentherapie, Chemotherapie und symptomatischer Behandlung.

Die zwei Ebenen von «Wie geht es dir?»

Oft werde ich gefragt: «Wie geht es dir?», oder: «Wie geht es euch?», oder: «Wie geht es Marie-Christine?»

Während es sonst eine übliche Floskel ist, um in ein Gespräch zu kommen, ist es in unserer Situation durchaus ein reales Interesse der Familie, von Freunden, von Eltern der Klassenkameraden oder von Arbeitskollegen, um sich zu erkundigen, wie es um uns steht.

Auf die Frage gibt es zwei Antworten: die kurze Variante – «Es geht uns den Umständen entsprechend gut». Oder die lange Variante, bei der man aber weiter ausholen muss: «Ich weiß nicht, was ich dir zuletzt erzählt habe, aber der Krebs ist zurückgekommen, weshalb wir ein weiteres Set an Behandlungen gestartet haben, der aber auch Nebenwirkungen hat. Letzte Woche hatte sie eine Art Schlaganfall, war halbseitig gelähmt, konnte nicht mehr sprechen und den Arm bewegen, lag zeitweise wieder auf der Intensivstation, hatte noch mal eine kleine OP, hat sich aber nach einigen Tagen wieder erholt, kann heute wieder den Arm und die Hand bewegen, die Sprache ist zurück ... aber viel langsamer als vorher. Und sie ist müder. Es geht ihr den Umständen entsprechend gut. Aber sie ist nicht mehr das Kind von vor der Krankheit!»

Spätestens nach der Hälfte der Erklärungen schalten die meisten ab und wollen es dann doch nicht mehr so genau wissen. Denn, so vermute ich, sie wissen nicht, wie sie auf das alles reagieren sollen. Häufig ist es ein betretenes Schweigen, vor allem, wenn sich der Zuhörer vorstellt, dass es auch sein Kind sein könnte. Man will in der Situation nichts Falsches sagen, weil man weiß, dass man nicht auch nur annährend mitfühlen kann. Dann liegt es an einem selbst, das Gespräch am Laufen zu halten und die unangenehme Stille aufzulösen.

Den richtigen Mittelweg, zu beschreiben wie es geht, habe ich noch nicht gefunden.

Meine Frau würde hingegen sagen: Deine Frage zu beantworten, fällt mir schwer. Es gibt so viele Aspekte zu betrachten und jeder Tag ist anders. Marie-Christine ist nicht mehr das Kind von vor einem Jahr. Und dennoch ist sie genau das. Lustig und voller Lebensfreude. Dankbar und positiv. Ja, kognitiv ist sie anders, körperlich gezeichnet, von Medikamenten und Betreuung abhängig. Und dennoch unabhängig und interessiert. Und unglaublich mutig ist sie, gegen die schier unbesiegbar scheinenden Zellen anzutreten. Sie hat entschieden zu kämpfen. Sie ist eine Kriegerin. Sie lebt. Und dafür können wir nicht dankbarer sein. Es gibt mehr schöne als schlimme Momente. Und Glaube, Liebe und Hoffnung sind immer noch das, was uns voranbringt. Sowie die Hilfe von ihrem Team und ganz vielen Menschen, die uns auf unterschiedliche Art begleiten und unterstützen.

Wo kommt nur ihre Energie her?

Zehn Monate seit der ersten OP. Ich sehe meine Tochter. Sie ist fröhlich aufgestellt. Sie macht Witze mit mir. Und doch ist sie krank. Dass ihr die Haare fehlen, fällt mir schon lange nicht mehr auf. Sie war mit Haar ein hübsches Kind, sie ist es immer noch. Allein die noch so häufig blau funkelnden Augen leuchten mir entgegen. Es ist unbegreiflich, dass das bald so nicht mehr sein soll.

Ihre Mama ist ihr viel näher als ich. Sie spürt auch jede kleinste Veränderung. Und diese kleinen, fast unmerkbaren Dinge scheinen zu zeigen, wie die Krankheit fortschreitet. Hier ein bisher nicht dagewesenes Halten am Ohr, an der Wange, neue Schmerzen im Auge, da ein Kratzen am Kopf, ein Stolpern, langsameres Reden, fahle Augen.

Sie hat keinen Appetit mehr. Die Ärztin sagt, das Kind nimmt sich, was es braucht, von selbst. Aber Mama fordert sie so oft auf: «Nimm noch einen Bissen.» Doch sie ist «voll» nach ein paar Bissen. Wie kann man von so wenig noch so fit sein? Aber das Gewicht geht langsam immer weiter runter. Ein Zeichen, dass der Körper schon «runterfährt»?

Vor ein paar Tagen waren wir in Wien. Dort hatte es über 30 Grad. Es gab keine Klimaanlage im Zimmer und war brütend heiß, sodass wir alle nahe dem Kollaps waren. Aber Marie-Christine bat: «Lass bitte das Fenster zu, bitte keinen Ventilator, ich brauche meine Wärmflasche.» Und immer noch ist sie gut gelaunt.

Häufig wird sie um sechs Uhr wach und ist um 19 Uhr schon sehr müde. Eigentlich noch viel wache Zeit mit wenig Schmerzen oder Erbrechen. Das ist doch gut! Aber wie wird es weitergehen? Das frage ich mich.

Hören Sie auf, sich ständig zu bedanken, ich mache nur meinen Job. Oder klatschen Sie im Flieger auch bei der Landung?

Ärztin, nachdem wir uns wohl zu oft für ihren Einsatz bedankt haben

Die Beziehung zu verschiedenen Ärzten und der Wechsel

Es gibt solche und solche Ärzte. Die einen meinen, nur sie selbst haben das Wissen und die Weisheit mit Löffeln gefressen und der Patient (oder die Eltern der jungen Patientin) haben keine Ahnung, weil sie ja schließlich nicht Medizin studiert haben und schon gar keine Onkologen sind. Für viele Patienten mag dies passen, da sie ja nun wirklich nicht Medizin studiert haben und sich auf das verlassen, was die Ärzte sagen. «Die werden es ja schließlich am besten wissen.»

Nach meinen Erfahrungen wirst du jedoch im Laufe der Behandlung immer wieder auf Situationen stoßen, die dir einfach nicht logisch erscheinen, selbst oder gerade, weil du kein Mediziner bist. Scheu dich nicht und sprich das an. Schau auf die Reaktion des Arztes. Kann er deinen Punkt glaubhaft entkräftigen? Oder wirkt die Antwort wie eine Floskel?

Hinterfrage den Arzt in dem, was er tut. Nur zu oft relativierte sich auf einmal sehr viel und die Dinge waren nicht mehr so glasklar, wie er es formuliert hatte. In einem Fall ging es um die Wirksamkeit eines Medikamentes, welches direkt in den Kopf gespritzt wurde. Nach der fünften Behandlung sagte der Arzt: «Die Wirksamkeit des Medikamentes ist nur bei einem Schwellwert von X gegeben.» Zu blöd nur, dass dieser Schwellwert vorher nie erreicht wurde. Wieso fällt ihm das nicht selbst auf? Hat das Medikament also gar nicht gewirkt? Wut kam in uns hoch.

Wir haben das erste Ärzteteam dermaßen mit Fragen zur Behandlung und zu Behandlungsoptionen gelöchert, dass sie uns sogar an einem Punkt nahegelegt haben, doch ein anderes Spital aufzusuchen, wenn es uns bei ihnen nicht passt. Welch Armutszeugnis für überforderte Ärzte.

Wir hätten spätestens an diesem Punkt wirklich gehen sollen. Denn es gibt auch die anderen Ärzte. Diejenigen, die dich ernst nehmen, die mit dir auf Augenhöhe diskutieren, die sich die Zeit nehmen, dir Dinge zu erklären, und die sich wirklich ernsthafte Gedanken dazu machen, welche alternativen Behandlungsmethoden es neben dem Protokoll sonst noch geben könnte.

Und genau zu solchen Ärzten sind wir dann später gewechselt. Ein Schritt, den wir im Nachhinein viel zu spät gemacht haben und nie bereuen sollten, auch wenn diese Ärzte nun nicht mehr gegenüber auf der anderen Straßenseite waren, sondern ab jetzt 45 Minuten Fahrtzeit entfernt.

Wann wird meine Schwester wieder gesund?

Ann-Catherine

Das Leben der kleinen Schwester

Ganz ohne Zweifel betrifft eine solche Krankheit die ganze Familie. Allerdings liegt der Fokus auf einer einzigen Person, weil diese eine Person eine akute Not hat, die es zu lindern gilt. Was jedoch leider allzu schnell untergeht, ist die kleine Schwester. Wie muss nur dieser kleine Mensch das alles erleben?

Ann-Catherine steht bei vielem einfach nur in der zweiten Reihe. Sie sieht, wie sich ihre Eltern vor allem um die große Schwester kümmern. Sie vermisst Mama, wenn sie mal wieder mit der Schwester mehrere Tage im Spital verbringt. Es tut ihr weh, wenn ständig die Schwester Geschenke und Aufmerksamkeiten bekommt, sie aber nicht (oder nicht in dem Maße).

Als Eltern war uns die Situation von Anfang an bewusst. Und sicher haben wir oft versucht, diesen aufkommenden Gefühlen bei Ann-Catherine entgegenzuwirken. Aber ein komplettes Gleichgewicht zwischen den Schwestern hinzubekommen, das haben wir wahrscheinlich nicht geschafft. Auch Oma und Opa, die sich mehrheitlich um sie gekümmert haben, konnten nicht alles aufwiegen.

Ann-Catherine hat große Angst um ihre Schwester. Seit ihrer Geburt ist Marie-Christine für sie nicht nur die Schwester, sondern auch ein Vorbild, Spielkameradin und beste Freundin. Und diese ist nun häufig nicht da oder nicht mehr so fit, wie sie es gewohnt war. Eine enorme Umstellung!

Und so weint sie auch manchmal ganz bitterlich, weil sie Marie-Christine vermisst und weil sie große Angst hat, ihre Schwester zu verlieren. Immer wieder fragt sie mich: «Papa, wann wird Marie-Christine wieder gesund?» Was antwortest du darauf? Vielleicht nie wieder? Der Gedanke an das «nie wieder» bricht mir das Herz. Wie stark muss so ein möglicher Verlust für eine Siebenjährige wiegen?

Ebenfalls schwierig für uns alle zu ertragen ist die Situation, wenn Ann-Catherine ihrer Schwester einfach nur helfen oder ihr nah sein möchte, Marie-Christine dies aber ablehnt, weil sie ihre kleine Schwester schützen möchte beziehungsweise nicht möchte, dass die Kleine die Große in diesem Zustand sieht. Und so werden von beiden lieb gemeinte Gesten von Ann-Catherine manchmal nicht oder gar als Ablehnung verstanden. Welch ein Missverständnis, das wir als Eltern auch nicht immer schnell genug auflösen können.

In der Schule ist sie in der ersten Klasse. Ihre Gefühle kann sie oft nicht abstellen, wenn sie das Klassenzimmer betritt. Auch hier kullern mitunter im Unterricht die Tränen. Einige Lehrer können mit der Situation empathisch umgehen, andere schaffen es aus ihrer Sicht nur bedingt.

Sie ist ein Sonderfall in der Klasse. Öfters kommt sie gar nicht zur Schule, weil sie nah bei ihrer Schwester sein möchte. Manchmal holen wir Ann-Catherine früher aus der Schule ab, wenn die Lehrerin anruft. Oder sie bekommt eine Extrabehandlung, indem sie für eine gewisse Zeit nicht dem Unterricht folgen muss, sondern sich in eine Ecke des Klassenzimmers zurückziehen kann.

Auch ihre schulischen Leistungen haben unter der Situation gelitten. Sie hatte eine Art «Sonderbonus». Der Fokus lag vor allem darauf, sie psychisch zu stützen, nicht auf schulische Höchstleistungen zu trimmen.

Stoff kann man nachholen. Oder einfach die Klasse. Aber wenn man in der Situation abwägt, ob eine neue Schulklasse oder der Verbleib im bisherigen Verbund mit all ihren Freundinnen die bessere Wahl ist, so ist die Antwort schnell klar.

Heute ist Ann-Catherine in der zweiten Klasse. Sie ist also in ihrer Klasse geblieben. Aber es bedarf jetzt eines besonderen «Hosenlupfs». Mama und Papa haben immer noch nicht viel Zeit, um mit ihr neben der Schule noch Aufgaben zu üben. Oma als ehemalige Lehrerin hilft aus und übt mit ihr. Und die Schule und andere Organisationen stellen Ressourcen zur Verfügung, um Ann-Catherine individuell zu fördern und wieder auf das Lernniveau der Klasse zu bringen. Das passiert nicht von allein, sondern bedarf großer Anstrengungen von Mama.

Vor allen kann ich nur den Hut ziehen: vor Tochter, Mama und Oma.

Danke, dass Du mir hilfst bei jeder Sache, wo ich Angst habe.

Zettel von Marie-Christine
für ihre Mama

Die neuen Bestrahlungen und der Tag des schlechten Erwachens

Die starke Waffe zur Behandlung der LMD waren weitere 20 Bestrahlungen am PSI. Keiner vor Ort hätte damit gerechnet, dass sie Marie-Christine nochmals sehen werden. Umso überraschter waren sie, als sie wieder fröhlich zur Tür reinspazierte.

Die leitende Ärztin vor Ort, zu der wir bei den letzten Bestrahlungen ein sehr gutes Verhältnis aufgebaut hatten, erklärte uns, was von den weiteren Bestrahlungen zu erwarten wäre. Man würde über die folgenden Sessions die komplette Hirnhaut bestrahlen. Allerdings wird dies die LMD wahrscheinlich nur aufhalten, aber nicht stoppen können. Im besten Fall gewinnt Marie-Christine dadurch ein ganzes Jahr, wahrscheinlicher aber eher nur ein paar Monate.

Nichtsdestotrotz gingen wir es an. Schließlich mochte Marie-Christine diesen Ort. Und sie bekam wieder diese herrlichen Narkosen, die sie so liebte. Und so ging es wieder tagein, tagaus.

Bis zu dem einen Tag, ungefähr in der Mitte des Behandlungsblocks. Denn da wachte sie nicht, wie gewohnt, in einem guten Zustand auf. Ihre Sprache war undeutlich und sie konnte die linke Körperhälfte nicht mehr bewegen! Sie war in einem Zustand wie nach einem Schlaganfall.

Mit dem Rettungswagen ging es ins UKBB, wo schnell ein Schlaganfall ausgeschlossen werden konnte. Doch die Lage blieb kritisch. Was hatte diesen Zustand ausgelöst?

Die große Beule am Kopf von der aufgestauten Liquorflüssigkeit war immer noch da und hatte sich über die Monate seit der OP nicht deutlich verändert. Dass die Beule aber einen Druck auf das Hirn haben musste, war von den bisherigen Ärzten als unkritisch angesehen worden.

Nun im UKBB aber nicht mehr. Es wurde beschlossen, am nächsten Tag zu operieren, um Marie-Christine einen Shunt in den Kopf einzusetzen.

Solch einen Abfluss kann man von außen einstellen, um die Abflussmenge regulieren zu können. Die Beule war nun weg. Allerdings war der Abfluss wohl so stark, dass nun zu wenig

Liquorflüssigkeit im Kopf vorhanden war, was mitten in der Nacht zu einem epileptischen Anfall führte. Auch das noch!

Und so hatten wir ein Kind auf der Intensivstation, das mit einer halbseitigen Lähmung und Sprachverlust ziemlich regungslos und sabbernd vor uns lag. Es war erschreckend, das eigene Kind so zu sehen. Marie-Christine lag apathisch dort und immer wieder wischten wir ihr die Spucke vom Mund oder saugten sie mit einem Schlauch ab. War es das jetzt? Wird der Zustand nochmals besser?

Das Unglaubliche passierte. Nach und nach kam die Kraft wieder in Beine und Arme und es kamen erste, noch sehr unverständliche Worte aus ihrem Mund. Mit jedem Tag wurden es aber wieder klare Worte und bald auch wieder ganze Sätze. Nach nur fünf Tagen war sie zwar noch sehr langsam beim Sprechen, aber sie war wieder halbwegs fit, um mit uns nach Hause zu gehen. Die Ärzte meinten nur: «Es ist recht unwahrscheinlich, dass es ihr jetzt so gut geht, wie es ihr geht.»

Und so setzten wir mit einer kleinen Unterbrechung die Bestrahlungen fort.

Du bist die Kleine, wir die Großen

Nicht nur Eltern wollen ihre Kinder schützen. Umgekehrt machen sie es auch. Wenn wir es zulassen. Das sollten wir aber nicht. Denn wir sind die Großen und sie sind die Kleinen. Und dies gilt es auch klar auszusprechen. Und so sagen wir Marie-Christine: «Du trägst nicht unsere Probleme, gib es ab an uns.»

Bei uns war es eine Zeit lang ein tägliches Ritual vor dem Schlafengehen. Ein Ritual ganz ohne Worte. «Marie-Christine, was willst du mir geben?» Und sie geht mit geschlossenen Augen in ihre Gedanken und stellt sich vor, wie sie ihre Gedanken und Sorgen an den Großen abgibt. Eine (un-) ausgesprochene Erleichterung für das Kind!

Es stellt sich bei dem einen oder anderen jetzt die Frage, wie wir von den Gedanken und Sorgen des Kindes erfahren, wenn nicht gesprochen wird. Ich selbst bin überzeugt, dass Mamas häufig die richtigen Antennen dafür haben und verstehen, was das Kind gerade loslässt.

Bei Papas sieht das vielleicht anders aus. Sind wir zu sehr kopfgetrieben und denken uns: «Ich spüre nichts von meinem Kind»? Oder vertrauen wir nicht dem, was wir meinen, wahrgenommen zu haben? So ging es mir. Einen flüchtigen Gedanken während des Rituals habe ich als solchen von mir abgetan. Als Gedankenblitz in meinem Kopf. Bis mir eine Bekannte sagte: «Vertraue viel mehr auf deine Gefühle und deine Wahrnehmung!»

Und so meine ich einmal von meiner Tochter verstanden zu haben: «Papa, bald werde ich gehen.»

Die erste Behandlungspause und die Ferien

Da man nach den Bestrahlungen aufgrund von Toxizität eine Pause von vier Wochen einlegen sollte, bevor man wieder andere Medikamente einnimmt, und es Marie-Christine den Umständen entsprechend gut ging, entschieden wir uns sehr kurzfristig, am nächsten Tag nach Sylt zu fliegen.

Die ersten Ferien seit neun Monaten. Wie sehr hatten wir uns alle diese Ferien verdient! Und das Wetter spielte auch noch mit. Wir verbrachten die Zeit am Strand, auf der Promenade, und ließen uns die Seeluft um die Nase wehen. Wir waren in einem großen Erlebnisbad, nahmen uns ein Auto, um die Insel zu erkunden, und waren in vielen guten Restaurants essen. Zwischendrin legten wir immer wieder Ruhephasen ein.

Für Marie-Christine hatten wir einen Kinderwagen mitgenommen, den wir noch aus alten Zeiten hatten und in den sie noch hineinpasste. So konnte sie ihre Kräfte schonen und sich von uns schieben lassen.

Viele Menschen waren sehr hilfsbereit und verständnisvoll für unsere Situation. In Restaurants sind wir immer sehr zuvorkommend aufgenommen worden. Aber, man glaubt es kaum, es gab auch die anderen. Wir fuhren Marie-Christine mit dem Kinderwagen vor ein Restaurant, als ein Gast einen dummen Spruch machte. Was er sagte, ärgerte mich, aber ich reagierte nicht darauf. Hinterher habe ich mich geärgert. Die nächste Gelegenheit kam schneller als erwartet.

Dieses Mal liefen wir durch die Fußgängerzone, Marie-Christine wie immer im Kinderwagen. Da meinte ein älterer Herr, lauthals auszuposaunen: «Das sind die Kinder von heute, werden in dem Alter noch rumgeschoben. Bloß nicht selbst laufen.» Ich stoppte abrupt, ging auf den Mann zu und sagte ihm: «Sie verkennen hier die Situation, alter Mann. Meine Tochter kämpft seit einem knappen Jahr gegen den Krebs und Ihnen fällt nichts Besseres ein, als hier einen völlig deplatzierten Spruch zu machen? Schämen Sie sich!»

Da wurde er sehr schnell sehr kleinlaut. Idioten sterben nicht aus.

*Wir sind nicht naiv,
aber wir haben Hoffnung.*

Mama

Genieße den Tag – Leben im Hier und Jetzt

Du lebst normalerweise deinen Alltagstrott. Du hast deine täglichen Aufgaben, einen Job zu erledigen, für das Wochenende machst du Pläne und deine Ferien buchst du Monate im Voraus. Andere Dinge hingegen willst du immer mal machen, schiebst sie aber auf die lange Bank.

Und dann kommt auf einmal ein Tag, der dein Leben komplett auf den Kopf stellt. In unserem Fall die schwere Krankheit unserer Tochter. Boom, da lebst du sofort im Hier und Jetzt! Was morgen kommt, interessiert dich gar nicht mehr. Nein, oft weißt du gar nicht, was morgen kommt.

Die großen Highlights in deinem Leben werden völlig unbedeutend. Die tolle Reise in ferne Länder, das Essen bei einem Sternekoch, der Besuch eines vollkommen ausverkauften Konzertes, all diese Momente verlieren plötzlich ihre Bedeutung.

Wenn man meint, dass die Tage gezählt sind, ist es gar nicht nötig, sich selbst Druck zu machen, dass heute wieder ein besonders schöner Tag wird oder dass noch ein ganz besonderes Ereignis passieren muss.

Viel bedeutsamer werden die kleinen schönen gemeinsamen Momente mit deinem Kind: gemeinsam kochen, auf den Wochenmarkt gehen und einkaufen, die geliebte Soja Chai Latte trinken, gemeinsam etwas spielen, ihr eine interessante Geschichte vorlesen, ein kurzer Spaziergang im Park, bei dem sie sich an kleinen Blumen erfreuen kann. Wir sind sehr dankbar, dass Marie-Christine trotz den vielen Monaten der Behandlung immer noch gut drauf ist und all diese kleinen Momente mit uns erleben kann. Denn dies sind die Momente, die wirklich zählen.

Was muss erst passieren, damit wir solche Momente zu schätzen wissen?

Die Krankheit und die Ehe

Solch eine Krankheit ist ohne jede Frage auch eine Belastungsprobe für eine Ehe. Es gibt keine gemeinsame Zeit mehr von Mann und Frau miteinander. Und ich meine wirklich keine. Denn einer von uns kümmert sich immer um Marie-Christine und der Partner oder die Partnerin nutzt die Zeit, um andere dringende Dinge zu erledigen. Oder geht, wie in meinem Fall, seinem Job nach. Denn der sollte ja auch noch gemacht werden.

Wir haben uns ziemlich klar eingeteilt. Barbara kümmert sich um alle medizinischen Belange. Sie ist im ständigen Kontakt mit den Ärzten. Sie gibt den Status von Marie-Christine durch, sie denkt aktiv bei der Medikation und deren Veränderungen mit. Sie ist immer auf der Suche nach der noch besseren Behandlungsoption. Außerdem organisiert sie alles rund um den Haushalt: Putzfrau einplanen, Organisieren von stundenweiser Betreuung für eines der Kinder, Lebensmittelbestellungen machen und vieles mehr. Klingt, so ausgeschrieben, vielleicht nach nicht viel, ist es aber.

Ich kümmere mich auch. Oft aus Sicht meiner Frau zu wenig. Auch bin ich ihr oft zu wenig interessiert an all den medizinischen Optionen, die im Raum stehen. Da sind sie wieder, die unterschiedlichen Denkweisen, die wir auch schon vor der Erkrankung hatten. Wir sind verschieden. Wir haben andere Erwartungen. An uns selbst und auch an den anderen. Die medizinischen Angelegenheiten sind bei ihr und den Ärzten gut aufgehoben. Was soll ich da noch versuchen mitzumischen? Heißt ja nicht, dass mir das alles egal ist. Aber ich kann einfach in vielen medizinischen Belangen nicht kompetent mitreden.

Ich kümmere mich auch. Verstärkt um Ann-Catherine. Und schaue, dass ich über die ganze Zeit gesehen zumindest ein durchschnittliches Pensum von 70 bis 80 Prozent arbeite. Eigentlich zu häufig von zu Hause, zu wenig im Büro. Unter normalen Umständen wäre das sicher so für meinen Chef, meine Kollegen und meine Mitarbeiter nicht haltbar. Die technischen Möglichkeiten des Remote Working in allen Ehren, aber der persönliche Kontakt ist eben auch wichtig. Aber das Büro ist eine Stunde Fahrtzeit von zu Hause entfernt.

Meine Tage sind durch die Situation oft gestückelt. Ein paar Stunden arbeiten, dann um die Familie kümmern (zum Beispiel Ann-Catherine zur Schule bringen, bei Marie-Christine sein, Besorgungen machen, kochen etc.). Ständig im Hinterkopf, welche Aufgaben im Job noch dringend zu erledigen sind, die ich dann häufig erst am späten Abend erledigt bekomme, wenn alle anderen in der Familie schon schlafen.

Apropos, gemeinsames Einschlafen gibt es nicht mehr. Denn ein Elternteil schläft bei Marie-Christine, der andere bei Ann-Catherine. Man könnte geneigt sein zu denken, dass das ja nicht wirklich sein muss, dass immer ein Elternteil bei einem Kind schläft. Vom Prinzip her gebe ich da recht. Also nicht zwingend beim gesunden Kind. Aber beim kranken Kind willst du eben doch für den Fall der Fälle da sein, damit du im Notfall sofort helfen kannst. Und zu dritt in einem Doppelbett willst du auch nicht schlafen.

Zeit zum Reden finden wir kaum. Viel zu viel Kommunikation findet über WhatsApp statt. Austausch von Zärtlichkeiten – Fehlanzeige. Stattdessen oft Stress und Gereiztheit. Wo soll das nur hinführen?

Psychologen sagen, entweder wird die Bindung zwischen den Partnern durch ein solches Ereignis inniger ... oder die Ehe zerbricht daran. Ich weiß es noch nicht, wo es bei uns enden wird. Auch keine schöne Ungewissheit.

Es gibt Zeiten im Leben,
in denen Aushalten und Weitermachen
alles ist, wozu man fähig ist.

Unbekannter Autor

Habe ich genug Kraft?

Der Krankheitsverlauf zieht sich nun schon über Monate hin. Neben all den krankheitsbedingten Themen bin ich selbstständig. Seit sechs Jahren arbeite ich auf Mandatsbasis für spezielle Finanzprojekte oder unterstütze bei Firmenverkäufen. So ein Mandat läuft in der Regel über sechs bis zwölf Monate und kann ein Teil- oder Vollzeitmandat sein.

Es bedeutet auch, ich werde nur bezahlt, wenn ich tatsächlich arbeite. In der aktuellen Situation nicht gerade der Idealzustand, wenn man potenziell nicht weiß, ob ich morgen noch ein Mandat habe. Außerdem stellt sich mir die Frage, ob ich aktuell überhaupt psychisch in der Lage wäre, ein neues Mandat zu finden und dann noch die Zeit und den Kopf dafür hätte, mich voll in dieses hineinzuarbeiten. Wenn man erst mal in einem Projekt drin ist, läuft alles einfacher. Aber wenn man ganz frisch an einem neuen Ort beginnt, ist das eine ganz andere Nummer.

Glücklicherweise war ich bei Bekanntwerden der Erkrankung auf einem Mandat, das sich extrem in die Länge gezogen hat.

Mein Auftraggeber hatte zudem für meine Situation volles Verständnis und hat mir alle Freiräume gegeben, damit ich Familie und Job unter einen Hut bringen konnte. «Family first!»

Jeder sagt dir: «Du musst auch auf dich schauen. Sieh zu, dass du wenigstens ein paar Minuten am Tag etwas für dich machen kannst.» Leichter gesagt als getan, kann ich da nur sagen! Denn du weißt nie, wie deine Nacht sein wird. Wann musst du unerwartet aufstehen? Wann ist die Nacht vorbei? Wie geht es deiner Familie? Tagsüber arbeitest du. Aber wenn du im Homeoffice bist, übernimmst du auch einige Dinge. Essen kochen, die andere Tochter zur Schule bringen, eventuell schnell etwas einkaufen. Dann kommt die Zeit des Abendessens, das Procedere, die Kinder ins Bett zu bringen. Aber du weißt nie, wann sie einschlafen und ob du nicht vielleicht vor ihnen einschläfst. Ob du trotz gestelltem Wecker diesen überhörst und erst mitten in der Nacht wieder wach wirst. Und schon wieder hast du nichts für dich getan.

Und irgendwann merke ich, wie mental müde ich bin. Ich habe wenig Lust auf Arbeit und auch wenig Lust auf anderes. Habe ich tatsächlich noch genügend Kraft, das alles zu stemmen? Mir darf nicht die Luft ausgehen. Ich kann meine Familie in dieser Situation nicht hängen lassen. Ich muss auf mich achten!

Das neue Medikament – eine neue Hoffnung?

Wenn du schon seit einigen Monaten weißt, dass die Chance auf Heilung verschwindend klein ist und du es erst vor ein paar Wochen nochmals gehört hast, dass dein Kind nun wohl auf die finale Gerade abgebogen ist, dann ändert das nichts an der Tatsache, dass du siehst, wie es lebt. Wie es ihm den Umständen entsprechend gut geht.

Marie-Christine ist unter uns. Sie hat keine Schmerzen. Sie isst. Sie kocht. Sie ist auch für kurze Zeit immer wieder mal außer Haus, um zum Beispiel ihre Klasse zu sehen oder in der Stadt ihre geliebte «Soja Chai Latte Kids hot» zu kaufen.

Du denkst in diesen Momenten nicht, dass sie vielleicht bald nicht mehr unter uns sein könnte. Du lebst einfach mit ihr. Bestimmt viel bewusster als andere Eltern, die nicht damit rechnen, morgen ihr Kind zu verlieren.

Nachdem wir im Anschluss an die Sylt-Reise wie jedes Jahr auch noch drei Wochen in Österreich bei den Schwiegereltern waren, kam die Zeit, ein ganz neues Medikament zu nehmen. Barbara und das neue Ärzteteam waren auf Studien in den USA gestoßen, wo von einem Medikament namens Alisertib die Rede war. Von diesem Medikament verspricht man sich einen direkten Angriff auf die Krebszellen.

Alisertib ist noch nicht auf dem Markt. Es befindet sich noch in der **Phase II** vor der Markteinführung. An ein solches Medikament zu kommen, ist schwierig. Vor allem, wenn es aus den USA kommt. Das schreckte eine unserer Ärztinnen jedoch nicht davon ab, es zu versuchen und den großen Papierkram zu erledigen. Und sie war erfolgreich. Wir bekamen das Medikament tatsächlich zum sogenannten «compassionate use» geschickt.

Als «compassionate use» bezeichnet man den Einsatz nicht zugelassener Arzneimittel bei Patienten mit besonders schweren Erkrankungen, wenn andere Therapien keine ausreichende Wirkung zeigen. Übersetzt bedeutet der Begriff so etwas wie «Freigabe aus Barmherzigkeit» oder «barmherziger Gebrauch». Es handelt sich hier primär um eine Notfallintervention oder eine letzte Therapiemöglichkeit.

Ja, wir hoffen darauf, dass Alisertib wirkt. Dass es die Krebszellen aufhält oder sie vielleicht sogar komplett erledigt. Aber wir sind nicht so naiv zu glauben, dass es auch tatsächlich so eintreten wird. Und so leben wir mit den Ungewissheiten: Was wird morgen sein und wie lang wird sie noch leben?

Genauso, wie wir hoffen, dass es wirkt, genauso hoffen wir, dass die Nebenwirkungen erträglich sein werden. Oder besser erst gar keine auftauchen. Das ist aber wohl unwahrscheinlich, wie unsere Ärztin meint.

Der Gedanke, Marie-Christine (vielleicht) leiden sehen zu müssen, macht mich fertig. Mein Mädchen bekommt wieder mal etwas Neues. Nebenwirkungen wahrscheinlich = Leiden! Wer will sein eigenes Kind leiden sehen? Ja, vielleicht kann man gleich ein Medikament geben, das diese Nebenwirkungen lindert. Aber auch wenn es nur kurze Phasen sein sollten (wofür es keine Garantie gibt), tut es weh. Und nichts davon kann ich ihr abnehmen. Welch Ohnmacht.

Ein Medikament durchläuft in der Regel vier Phasen klinischer Studien, bevor es für den breiten Markt zugelassen wird:

Phase I: Diese Phase testet die Sicherheit und Verträglichkeit des Medikaments an einer kleinen Gruppe gesunder

Freiwilliger. Hier wird untersucht, wie der Körper das Medikament aufnimmt, verarbeitet und wieder ausscheidet.

Phase II: In dieser Phase wird das Medikament an einer kleinen Gruppe von Patienten getestet, die an der zu behandelnden Krankheit leiden. Ziel ist es, die Wirksamkeit und die optimale Dosierung zu ermitteln.

Phase III: Diese Phase umfasst größere Studien mit vielen Patienten, um die Wirksamkeit und Sicherheit des Medikaments im Vergleich zu bestehenden Behandlungen zu bestätigen. Hier werden auch seltene Nebenwirkungen identifiziert.

Phase IV: Nach der Zulassung wird das Medikament weiterhin überwacht. Diese Phase dient dazu, Langzeitwirkungen und seltene Nebenwirkungen zu erfassen sowie mögliche neue Anwendungsgebiete zu erforschen.

Sie wird so was nie wieder machen.

Statement von Mama
bei einer Tanzvorstellung von Ann-Catherine;
Marie-Christine ist dabei

Die Frage nach einem erfüllten Leben

Meine Eltern haben sich getrennt, als ich 15 Jahre alt war. Das ist über 35 Jahre her.

Meine Mutter hatte seitdem mehrere langjährige Partnerschaften und lebte weiterhin im Ruhrgebiet. Seit sie meinen Bruder und mich bekommen hatte, hat sie nicht mehr gearbeitet. Ihre neuen Lebenspartner waren mit einer Ausnahme alle nicht wohlhabend. Große Sprünge gab es nicht, die Anzahl Urlaube überschaubar. Vieles war sicher drei Jahrzehnte lang der ganz normale Alltag.

Die große Liebe war nach der Trennung von meinem Vater nicht mehr dabei. Wahrscheinlich waren es Zweckgemeinschaften mit Sympathie – zumindest vermute ich das bei meiner Mutter. Aber sie hatte eine extrem enge Bindung zu meinem jüngeren Bruder, der auch noch in der Gegend wohnte. Er war quasi der Mann, der sie immer wieder mit Geschenken oder Ausflügen überraschte und ihr Freude bereitete.

Ihre Enkelkinder Marie-Christine und Ann-Catherine sah sie recht selten, weil sie in der Schweiz leben.

Mit 70 Jahren wurde bei ihr Lungenkrebs diagnostiziert. Sie ertrug ihre Krankheit mit großer Gelassenheit. Zumindest, soweit ich es aus der Ferne beurteilen konnte. Ihr Lebenspartner mag das in gewissen Situationen sicherlich anders gesehen haben. Der Tod schreckte sie nicht. Sie starb nach fünf Jahren Krankheit vier Wochen vor der Diagnose bei Marie-Christine.

Mein Vater zog einige Jahre nach der Trennung in die Schweiz und heiratete erneut. Kurz vorher konnte er sein Unternehmen gewinnbringend verkaufen und seitdem von dem Geld leben. Er verschleuderte nicht Unsummen, aber war ein Lebemann. Mit vielen schönen Reisen, mit gutem Essen, mit zahlreichen Freunden.

Mit 79 Jahren wurde bei ihm auch Lungenkrebs diagnostiziert. Drei Monate nach der Diagnose bei Marie-Christine. Sieben Monate nach der Diagnose starb er. Für ihn war klar, dass er nicht mehr leben wollen würde, wenn das Leben nicht mehr lebenswert ist. Wäre er nicht so schnell verstorben, hätte er sehr wahrscheinlich selbstbestimmt den Exit gesucht.

Die Antwort auf die Frage nach einem erfüllten Leben wird häufig gern daran festgemacht, wie alt eine Person geworden ist und was in diesen vielen Jahren alles Schönes passiert ist. Sterben mit neun Jahren wird oft damit verbunden, dass es viel zu früh sei. Ich als Vater finde das sowieso. Ich will meine Tochter nicht schon mit neun Jahren verlieren. Was alles wird sie nicht mehr erleben! Aber wann ist ein Leben wirklich ein erfülltes Leben?

Sterben müssen wir alle mal. Und es kann jeden von uns schon morgen treffen. Das ist uns sehr oft viel zu wenig bewusst. Denn sonst würden wir wohl achtsamer leben, Dinge nicht immer wieder verschieben für andere ach so wichtige Dinge.

Ich möchte daran glauben, dass es ein erfülltes Leben für Marie-Christine war. Dafür habe ich sie viel zu oft fröhlich, neugierig und unbeschwert gesehen.

Bist du nicht traurig?

Am Tag des Todes meines Vaters ist Ann-Catherine von der Nachricht sehr mitgenommen. Sie sieht ihre große Schwester und ist verwundert, dass sie bei ihr keine Trauer erkennen kann. Ann-Catherine fragt sie: «Bist du denn nicht auch traurig, dass Großpapi gestorben ist?», und Marie-Christine antwortet: «Doch, aber ich erinnere mich an die schönen Momente mit ihm.»

Welch ein weiser Satz von einer Neunjährigen. Ich wünsche mir, dass ich in ihrem Fall Gleiches denken kann.

Ein weiterer Anfall und eine bittere Erkenntnis

Es ist Freitag. Den ganzen Tag über ist Marie-Christine aktiv. Vormittags hatte sie eine Einzelstunde mit einer Heilpädagogin in der Schule. Nachmittags war eine Betreuerin bei uns, mit der sie draußen rumgesprungen ist. Schließlich kam auch noch Großmami, die für das Wochenende bleiben wollte.

Und so saßen wir am Abend draußen, hatten den Grill an und fingen an zu essen. Von mir unbemerkt, fiel Marie-Christine mehrmals hintereinander ihr Essen von der Gabel. Alarmzeichen für meine Frau, denn sie erkannte den nächsten Anfall bei unserer Tochter.

Nach wenigen Telefonaten mit den Ärzten im UKBB war klar, dass wir sofort kommen sollten. Aber Ann-Catherine war ja auch noch da. Zum Glück war an dem Abend eh Großmami bei uns. Also hofften wir, dass zu Hause mit den beiden alles gut ging, und fuhren Richtung Basel. Dabei Marie-Christine im Arm der Mama, beide nicht angeschnallt.

Bei der Notfallaufnahme waren wir bereits angemeldet und so kamen wir sofort in ein Zimmer. Dort warteten schon die Pfleger und Ärzte auf uns. Einige waren sogar extra vom Sommerfest des Spitals zu uns gekommen, um unserer Tochter zu helfen. Von den acht Personen im Raum waren sieben, die wir schon von unseren früheren Aufenthalten kannten. Ein sehr beruhigendes Gefühl trotz des sehr beunruhigenden Gesundheitszustands unserer Tochter.

Es war mittlerweile 22:00 Uhr. Marie-Christine in schlechtem Zustand und sehr müde. Erste Medikamente wurden verabreicht. Ein CT sollte Gewissheit geben, ob es ein Schlaganfall war oder nicht.

Gleichzeitig stellte sich heraus, dass Ann-Catherine und Großmami in dieser Situation kein gutes Match sind, um in dieser angespannten Situation einschlafen zu können. Denn Ann-Catherine machte sich große Sorgen um ihre Schwester.

Ich als Vater war hin- und hergerissen. Fahre ich sofort wieder nach Hause zur kleinen Tochter oder unterstütze ich zuerst meine Frau und meine große Tochter? Als um 1:30 Uhr aufgrund von Komplikationen das CT immer noch nicht erfolgt war, fuhr ich schweren Herzens heim.

In solchen kritischen Situationen merkst du, dass du es nicht allen recht machen kannst. Denn auf die gesunde Tochter musst du ebenso aufmerksam achten wie auf die kranke! Sie ist gleichberechtigter Teil unserer Familie und darf nicht außen vor gelassen werden, so gut es eben geht.

Es waren die gleichen Symptome wie beim ersten Mal. Und es war wieder kein Schlaganfall. Aber dieses Mal konnte es nicht der Druck im Kopf gewesen sein. Zahlreiche weitere Untersuchungen am nächsten Tag zeigten nichts, was diesen Gesundheitszustand erklären konnte. Bis unsere Ärzte das Puzzle doch zusammensetzen konnten.

Wenn das Stammhirn betroffen ist, sieht man es nicht in den Hirnströmen. Denn das Stammhirn ist so weit verborgen, dass die Messungen nicht so weit reichen. Es lag somit stark auf der Hand, dass die Tumorzellen bereits den Hirnstamm erreicht haben müssen.

Unsere Palliativärztin vermutete, dass es nun wirklich dem Ende zugeht. Ob es noch zwei, vier, sechs oder mehr Wochen sein werden, kann niemand sagen. Aber den Hirnstamm kann man nicht behandeln.

Zu unser aller Erstaunen verlief der Genesungsverlauf sehr ähnlich wie beim ersten Mal. Allerdings driftete Marie-Christine auch vier Tage nach dem Anfall immer wieder kurzzeitig weg. Manchmal war sie zehn bis 15 Sekunden mit starrem Blick in einer anderen Welt. Mal dachte sie sehr klar, dann wieder verwechselte sie Worte. So befand sich zum Beispiel der Fuß auf einmal auf der Stirn.

All dem zum Trotz war Marie-Christine nach fünf Tagen in Basel so stabil, dass wir sie mit heimnehmen konnten. Doch obwohl körperlich so weit fit, war sie es geistig nicht mehr. Die Sprache, die zwischenzeitlich mal wieder da war, war wieder so gut wie verschwunden.

Viele der Pflegerinnen und Ärzte standen beim Weggang Spalier. Insgeheim dachten wohl einige von ihnen mit großem Bedauern, dass sie Marie-Christine nun zum letzten Mal sahen.

Kinder tun sich mitunter schwer mit dem Sterben, weil sie ja bis auf die eine Krankheit eigentlich gesund sind. Es bleibt uns im Moment einfach nur, für sie da zu sein und sie zu begleiten.

Todkrank oder topfit?

In unserem Fall ist der Krankheitsverlauf nicht so, dass der sichtbare Gesundheitszustand kontinuierlich bergab geht. Es gibt gute Phasen, dann wieder schlechte, um danach doch wieder bessere Phasen zu erleben.

Wir sehen unsere Tochter zwar mit Glatze, aber ohne diesen optischen Hinweis würde man sehr häufig nicht denken, dass sie an einer sehr schweren Erkrankung leidet, die in den nächsten Monaten höchstwahrscheinlich zum Tod führen wird.

Vielmehr sieht man ein lebensfreudiges Kind, das singt, tanzt und durch die Gegend springt. Sie ist interessiert daran, Neues zu lernen, und bedankt sich hinterher bei Papa oder Mama, dass wir ihr das beigebracht haben! Dies kann ein neues Gericht sein, bei dessen Zubereitung sie tatkräftig unterstützt hat, oder ein neues Spiel, das sie bisher noch nicht kannte.

In diesen Momenten vergisst du vollkommen, dass das Kind eigentlich krank ist. Du siehst ein fittes Mädchen und du nimmst den aktuellen Augenblick, kannst dir in der Situation gar nicht vorstellen, dass es einmal anders werden könnte.

Und dann kommt doch wieder so ein Rückschlag. Nun schon zum zweiten Mal in einer Art und Weise, dass er dich an den Rand des Verkraftbaren bringt.

Der Anblick des eigenen Kindes ist großes Entsetzen: Du siehst dein Kind, wie es aus dem Mundwinkel sabbert. Du siehst dein Kind, das dich zwar versteht, aber sich nicht mehr äußern kann, außer mit ärgerlichen Armbewegungen, wütenden Lauten und mit Weinen. Und Armbewegungen ist schon viel gesagt, wenn die eine Körperhälfte gelähmt ist! An Laufen ist natürlich auch nicht zu denken. Von Essen und Trinken habe ich noch gar nicht gesprochen.

Beim ersten Mal kam nach zwei Tagen langsam die Sprache zurück. Nach vier Tagen konnte Marie-Christine den Arm wieder bewegen. Nach vier Wochen hatte sie dann wieder ihr altes Sprechtempo.

Und wie wird es dieses Mal sein, vier Monate nach dem ersten Mal?

Sie erinnert sich immer weniger

Nach ziemlich genau einem Jahr bin ich mit Marie-Christine mit dem Auto unterwegs. Wir fahren einfach für eine Stunde durch die Gegend. Damit sie mal rauskommt und etwas anderes sieht als die eigenen vier Wände. Denn mit der Krankheit zieht man sich immer wieder zurück. Der Aktionsradius wird kleiner. Sei es in Distanzen gemessen, aber auch im Kontakt mit anderen.

Sie ist zwar klar im Kopf, aber auch schnell müde. Sie redet wenig, weil ihr immer weniger die Worte einfallen. Sie scheint zunehmend mehr in ihrer eigenen Welt zu leben. Deshalb fahren wir und laufen nicht.

Während der Fahrt erfreut sie sich an vielen kleinen Dingen. «Papa, schau mal da», und zeigt darauf. Namentlich benennen klappt nicht. Werden die Worte jemals wieder zurückkommen? «Papa, schau ...», und sie meint den Vogelschwarm, der vorbeizieht. Und Autos in verschiedensten

Blautönen haben es ihr angetan. «Das ist auch noch ein schönes Blau von dem Auto.»

Nach einiger Zeit sind wir wieder zu Hause. Für viele ist eine solche Spritztour nichts Besonderes. Aber ich durfte wieder eine kleine besondere Zeit mit meiner Tochter verbringen.

Genau ein Jahr nach der Diagnose

Nun ist es genau ein Jahr her, dass wir die Diagnose Hirntumor bekommen haben. Am Tag vom Bachfischet. Bachfischet ist ein uralter Brauch in der Stadt Aarau, in der wir leben. Seit 500 Jahren wird jedes Jahr am zweitletzten Freitag im September die Reinigung des Stadtbachs gefeiert. Zur Reinigung wird auch heute noch der Bach durch eine Sperre oberhalb von Aarau trockengelegt. Früher nutzten die Kinder diese Gelegenheit, um in den verbliebenen Pfützen mit großem Spaß nach Fischen und Krebsen zu fischen. Dann wird der wieder eingelassene Stadtbach nach Eindunkeln von der Jugend (Kindergarten bis Gymnasium) feierlich abgeholt: von den Kindern mit selbst gebastelten Laternen an einer Haselrute mit Blättern. Dabei ist es stockfinster in der Stadt. Keine Straßenbeleuchtung brennt.

Ich begleite nun zum zweiten Mal hintereinander nur meine kleine Tochter Ann-Catherine zu diesem Anlass. Es war schon vor einem Jahr schlimm. Denn am nächsten Tag folgte die erste Hirn-OP bei Marie-Christine. Und dieses Jahr wird mir bei diesem Anlass bewusst, dass wir nun schon ein ganzes Jahr lang kämpfen. Allein bei dem Gedanken könnte ich einfach so losweinen.

Marie-Christine wäre gern dieses Jahr dabei gewesen. Nicht für den ganzen Umzug. Aber sie hatte selbst gebackene Kekse für ihre Klasse vorbereitet und wollte zumindest für den Start des Umzugs bei ihrer Klasse sein. Einen von wenig verbliebenen Gelegenheiten nutzen, um ihre Freunde wiederzusehen. Doch so verhältnismäßig gut es ihr auch tagsüber geht, so schlagartig kommt am Abend die große Müdigkeit. Oft schon direkt nach dem Abendessen gegen halb sieben. Dann möchte sie sich nur noch bettfertig machen und im Bett liegen.

Und sie war bedrückt. Was es genau war, weiß ich nicht. Nicht auf alles gibt sie uns Antworten. Und sie meint, es läge nicht daran, dass sie ihre Freunde nicht sieht. Aber da ist sie wieder – die zunehmende Abkapselung oder gar Entfremdung von ihren Freunden. Sie sind weitergegangen in ihrer Entwicklung. Marie-Christine auch. Aber in eine ganz andere Richtung. Sie folgt einem anderen Fluss des Lebens. Einem, der hoffentlich noch lange nicht trockengelegt wird.

Und die Kekse? Die haben Mama und Ann-Catherine der Klasse vorbeigebracht. Die Freude darüber war auch schon mal größer. Vielleicht wäre es anders gewesen, wenn Marie-Christine hätte kommen können.

Ich kann mir nicht vorstellen,
ohne sie zu sein.

Mama, neun Monate nach der Diagnose

Wenn die Mama zur Löwin wird

Dieses Buch wäre wesentlich kürzer geworden ohne den unglaublichen Einsatz von Barbara. Marie-Christine wäre ohne sie einfach schon längst verstorben. Jedes Wort des Dankes an sie ist eins zu wenig. Ich verspüre eine große Dankbarkeit, dass sie da ist. Hier ein kleiner Auszug aus all dem, was sie in der Zeit geleistet hat.

Sie war nicht nur die Mama, die ihre Tochter überall hinbegleitet hat. Sie hat Marie-Christine auf jeden Schritt mental eingestellt. Sie hat eine Engelsgeduld mit ihr gehabt, wenn es wieder einmal darum ging, dass sie gestochen wurde. Denn dies war das Einzige, was für Marie-Christine besonders schlimm war.

Sie hat den Ärzten und Pflegerinnen klargemacht, dass Marie-Christine kein gewöhnliches Kind ist, wo man nicht alle Methoden einfach so anwenden kann, wie sie es bei anderen Kindern gewöhnt sind (zum Beispiel festhalten, wenn ein Kind bei der Blutentnahme nicht mitmachen will).

Sie hat sich vollkommen in die Thematik eingelesen. Sie hat die Ärzte gelöchert mit Fragen, sie hat so ziemlich alles hinterfragt. Sie ließ nie locker. Sie hat dabei sicher auch den einen oder anderen Arzt zur Weißglut gebracht. Sie hatte Kontakte in die ganze Welt und vernetzte diese Menschen mit unseren Ärzten, um sich über neueste Studienergebnisse und Medikamente auszutauschen.

Sie dachte proaktiv mit, wie und in welchem Maße die Medikation aussehen beziehungsweise umgestellt werden könnte, um noch bessere Ergebnisse bei Marie-Christine zu erzielen.

Sie hat immer gewusst, welchen Vorteil es hat, wenn man selbst sehr früh etwas Gutes tut für die Pflegerinnen und Ärzte. Unzählige Male wurden Kekse für die Station gebacken, wurden für noch so kleine Aufgaben die Pflegenden mit Schokolade und Bonbons beschenkt. Dies machte stets eine gute Stimmung und half bei so manchen Sonderwünschen.

Sie war immer sehr kommunikativ mit allen und hatte einen guten persönlichen Draht zu jedem, kannte viele private Details.

Selbst in dieser Zeit machte sie auch außerhalb des Spitals vielen Freunden, Nachbarn und Helfern trotz der schwierigen

Situation immer noch Geschenke, oft in Form von selbst gebackenen Kuchen.

Sie nahm sich selbst immer zurück zum Wohle der Kinder. Sie ertrug auch über eine sehr lange Zeit die eigenen Eltern bei uns im Haus, was bestimmt keine Selbstverständlichkeit ist.

Sie hat einen sehr prägenden Eindruck bei so vielen hinterlassen. Auch bei mir.

Der Unterschied zwischen akzeptieren und aufgeben

Gegen Ende der Krankheit hat mir meine Frau vorgeworfen, ich hätte unser Kind bereits aufgegeben. Und dies stehe im krassen Widerspruch zu ihrem Kampf, den sie gegen diese Krankheit führe.

Es ist ohne jeden Zweifel so, dass meine Frau auch als Nicht-Ärztin so ziemlich alle Studien zu der Krankheit gelesen hat. Sie ist seit Monaten im regelmäßigen Austausch mit unseren Ärzten, aber auch, wie schon gesagt, anderen Ärzten in der ganzen Welt, um die bestmögliche Therapie für unsere Tochter zu finden. Sie pusht dabei auch unsere Ärzte, die sich ebenfalls voll reinhängen, neue Alternativen finden und diese abwägen.

Ich habe das nicht gemacht oder in viel kleinerem Maße, indem ich von der Logik her hier und da Fragen gestellt habe, ob dies oder jenes überhaupt funktionieren kann. Ansonsten ist die Einarbeitung in diese medizinischen Themengebiete genau ihre Sache. Daraus resultiert dann auch, dass ich nicht adäquat mit meiner Frau über die Themen diskutieren kann.

Die Ärzte haben uns immer gesagt, dass alles, was wir in diesem Stadium probieren, höchstwahrscheinlich nur eine aufschiebende Wirkung hat, aber keine Heilung bringen wird. Vielleicht ist es so aufschiebend, dass es sich am Ende wie eine chronische Krankheit anfühlt, die regelmäßig behandelt werden muss. Vielleicht findet die Forschung in der Zwischenzeit doch noch DAS heilende Mittel gegen diese Krankheit.

Und natürlich hoffe auch ich auf die Heilung, auf das Wunder. Ich höre auch, dass es Marie-Christine viel besser geht als anderen Kindern zu diesem Zeitpunkt der Erkrankung. Ich höre auch, dass die aufschiebende Wirkung uns wahrscheinlich nur ein paar Wochen bringt, vielleicht einige wenige Monate.

Ich gebe meine Tochter nicht auf. Ich will sie nicht verlieren! Genauso wenig, wie es meine Frau tut. Aber es gibt einen Unterschied zwischen aufgeben und akzeptieren. Die Fakten und die Wahrscheinlichkeit sprechen eine deutliche Sprache. Und dies akzeptiere ich.

Kann ich mich dadurch besser mit dem wahrscheinlich nahenden Tod abfinden? Ich weiß es nicht. Und es ist mir jetzt auch egal, dies zu wissen. Ich sehe mein Kind, wie es Hochs und Tiefs hat. Aber ich gebe dich nicht auf, meine Tochter.

Der nächste Anfall und wieder aus dem Nichts

Schon am Vorabend war Marie-Christine sehr nervös. Am nächsten Tag würde sie ins Spital fahren, um ein weiteres neues Medikament verabreicht zu bekommen, das den Krebs zusätzlich von einer anderen Seite her attackieren sollte. Wenn es so wirkt, wie man sich es verspricht, wäre dies fantastisch.

Die möglichen Nebenwirkungen reichten jedoch von nichts bis hin zu einer drastischen Verschlechterung mit Einweisung auf die Intensivstation. Und dies ohne Gewähr, dass alles danach auch wirklich wieder «gut kommt» und sich die versprochene Wirkung entfaltet.

Und so fuhr sie ins UKBB ... aber verweigerte sich. Sie wollte sich partout nicht ihren Port anstechen lassen, damit ihr das Medikament verabreicht werden konnte. Warum nicht, konnte sie nicht in Worte fassen. Sie wollte es einfach nicht. Nach drei Stunden Gesprächen mit ihr, aber auch mit den Ärzten beschloss man, nichts zu erzwingen, was Marie-Christine nicht will. Sie und ihre Mama fuhren unverrichteter Dinge wieder nach Hause. Sie sehr entspannt, die Mutter mit Fragezeichen. Die leitende Pflegerin erstaunt, sowohl vom konsequenten Verhalten von Marie-Christine, aber auch dem Verhalten der Mutter und der Ärzte, nichts gegen ihren Willen zu forcieren.

Am nächsten Tag wachte sie fröhlich auf. Es ging ihr gut. Auch das Zittern in ihren Händen schien merklich weniger zu sein als in den letzten Tagen. Sie hatte sich in den letzten fünf Wochen wieder vollständig vom letzten epileptischen Anfall erholt. Spontan beschloss sie, ihre Freundinnen in der Schulpause zu besuchen.

Die Freude war bei allen groß, Marie-Christine mal wieder in der Schule zu sehen. Sogleich bildete sich eine Traube um sie, man sprach und aß die Pausensnacks. Doch schon nach fünf Minuten kam er aus dem Nichts. Der nächste epileptische Anfall!

So ein Anfall ist ein großes Zittern am ganzen Körper und kann mehrere Minuten anhalten. Mama war mit den Notfall-Medikamenten sofort zur Stelle, doch diese helfen nur bedingt. Ich selbst war zum Glück noch nicht aufgebrochen zu einem dreitägigen Workshop, sondern noch zu Hause.

Alarmiert bin ich umgehend mit weiteren Medikamenten zur Schule gekommen, die wir ihr sofort gegeben haben.

Später am Nachmittag sagte mir unsere Ärztin: «Ich gehe davon aus, dass sie nur durch die schnelle Gabe der Medikamente noch lebt.» Dieser Satz war wie ein Schlag in die Magengrube. Natürlich kämpft Marie-Christine schon seit zwölf Monaten, aber dass der Tod auf einmal so nah ist, wurde mir da schlagartig bewusst.

Wie oft können und wollen wir das noch tun? Wann ist es Zeit, sie gehen zu lassen?

Es gibt zwei herausragende Momente
im Leben:
die Geburt und der Tod –
alles dazwischen ist relativ.

Jean-Paul Sartre

Das Gespräch über den Tod

Es hat sich leider nie für mich ergeben, mit meiner Tochter über das Thema Tod zu sprechen. Solche Gespräche hatte sie eher mit Mama. Wie sie über das Thema denkt und wie es sich für sie anfühlt, ist mir zu wenig klar geworden. Aber hätte ich sie konkret auf das Thema ansprechen sollen?

Sie hat sich aber konkret dazu geäußert, wie ihr Grabstein und ihre Urne aussehen sollen. Einäscherung ist also auch klar. Aus ihrer Asche soll ein Diamant gepresst werden. Wahrscheinlich hat sie auch die Lieder für die Trauerfeier schon ausgesucht.

Außerdem fragte sie sich noch, ob es eine Todesanzeige in der Zeitung geben sollte. Da meinte sie: «Nun ja, Papa hat ja schon mal ein Buch geschrieben (ein ganz anderes als dieses, was du gerade in den Händen hältst), das heißt, sein Name ist bekannt und ihn kennen viele Leute. Also ja, es soll eine Todesanzeige in der Zeitung geben.»

So konkret kann eine Neunjährige bei diesem Thema sein.

Lebensqualität

Nach dem letzten Anfall ist es still geworden bei Marie-Christine. Eine Frage, die bisher nur latent im Raum stand, drängt sich nun immer mehr auf. Die Frage nach der Lebensqualität.

Seit zwei Wochen ist sie nun die meiste Zeit in ihrem Bett. Sie kann einige Schritte gehen, ist aber stark beeinflusst durch ihre Krankheit und die Medikamente, die sie einnehmen muss. Die Medikamente sind hoch dosiert, um die Wahrscheinlichkeit für einen möglichen nächsten Anfall gering zu halten.

Das Cortison, das sie einnehmen muss, hat auch großen Einfluss auf ihr Hungergefühl. Sie hat fast 24 Stunden am Tag nonstop Hunger. Das geht morgens um vier Uhr los und wird von uns um 20 Uhr final unterbrochen. Sie bekommt Suppen, Paprika, Gurke, Apfel, Schinkenröllchen und vieles mehr. Eine Portion reicht nicht. Und wir schneiden alles sehr klein. Das Besteck ist auch klein, damit das Essen für sie länger dauert. Nach drei Portionen müssen wir dann aber sagen: «Jetzt ist erst mal Schluss», was auf wenig Verständnis bei ihr stößt.

Der Hunger wird nur dadurch unterbrochen, dass sie entweder zwischendurch einschläft oder wir doch zur richtigen Zeit die passende Abwechslung vorschlagen, die sie annimmt. Das kann mit Knete spielen sein, Mandalas ausmalen oder einer Geschichte zuhören.

Auch sieht sie in vielem im Raum eine Schachtel mit Schokolade. Aber da ist nichts. Ist es Verwirrtheit, ein Delirium oder eine Halluzination? Kommt es nur von den Medikamenten oder auch schon von der Krankheit? Wir wissen es nicht.

Sie nimmt kaum noch am Familienleben teil. Wo sie zuletzt noch in der Küche geholfen hat, kurze Ausflüge in die Stadt machen konnte, mit uns gesprochen und Geschichten gehört hat, da ist heute ein Mädchen, das antriebslos erscheint. Reden tut sie nur noch das Nötigste, das Lächeln kommt nur noch selten durch. Dennoch versteht sie alles, was gesprochen wird, und wenn es ihr wichtig ist, spricht sie auch plötzlich ganze Sätze. Es wirkt, als wäre sie in langen Phasen von Frust und Langeweile. Oder schon für einen Abstecher auf der anderen Seite?

Du entscheidest

Uns war es immer wichtig, offen mit Marie-Christine zu kommunizieren. Sie wusste, dass es ein langer Kampf gegen die Krankheit wird und dass nicht klar sein würde, ob sie gewinnt.

Uns als Eltern war auch immer klar, dass sie am Ende entscheidet, ob sie mit den Behandlungen weitermachen möchte oder ob irgendwann der Zeitpunkt kommen sollte, wo sie sagt: «Es reicht.» Wir Eltern wollen sie nicht dazu drängen, irgendetwas zu tun, was sie nicht mehr will.

Nichts ist in unseren Augen im Fall von schweren Krankheiten schlimmer, als die Situation gegenüber dem Patienten schönzureden. «Komm, es wird schon wieder. Bald geht es dir wieder besser. Kämpfe weiter» sind unserer Ansicht nach die falschen Signale und setzen den Patienten, den Angehörigen, das eigene Kind unter einen unmenschlichen Druck, weiter durchhalten zu müssen, nur aus Liebe zu den Angehörigen.

Es wird der Punkt kommen, an dem wir als Eltern loslassen müssen. Es geht nicht um uns, es geht um unser Kind. Und auch wenn wir natürlich jeden möglichen Moment mit unserem Kind verbringen möchten, zählt es auch zu unserer Verantwortung, ihr die Möglichkeit zu geben, selbst zu entscheiden, wann sie geht.

Man kann diskutieren, ob ein Kind mit neun Jahren wirklich selbst entscheidet, wann es gehen will. Oder ob es nicht doch zu sehr am Leben hängt, nicht von selbst sagt, es reicht mir mit den Behandlungen, oder denken mag, ich will meine Familie nicht verlassen. Doch es fühlt sich für mich so an, dass ein Kind dies sehr wohl kann, je näher das Ende kommt. Und so bestätigen es mir auch die Palliativärzte, mit denen wir sprechen.

Und so sagen wir Marie-Christine besonders in den sehr schwierigen Momenten, in denen sie nicht gut beieinander ist, sehr klar, dass sie selbst entscheidet, wann sie gehen möchte. Wir sagen ihr, dass alles so gut ist, wie sie es macht. Wir sagen ihr, dass wir sie lieben, sie immer bei uns sein wird und wir uns eines Tages wiedersehen.

*Beginnings are usually scary,
and endings are usually sad,
but it's everything in between that
makes it all worth living.*

Bob Marley

Danke für die Zeit mit Dir

Nach mehreren Wochen des großen Hungers drehte es sich abrupt. Von jetzt auf gleich war es damit vorbei. Seitdem hat Marie-Christine nichts mehr zu sich genommen. Weder Essen noch Trinken. Es bedeutete auch, dass sie ihre Medikamente nicht mehr nehmen würde. Ob es ein bewusster Entscheid von ihr war, wissen wir nicht. Wir glauben, dass es unbewusst passierte, wie so vieles, das sie in all den Monaten auch intuitiv entschieden hat.

Man könnte meinen, dass dies ein Zeitpunkt sein könnte, wieder ins Spital zu gehen, um ihr dort alles intravenös zu geben, was ihr Körper benötigt. Doch dies stand nie zur Debatte. Uns war klar, dass unser Kind ihre letzten Tage in ihrem Zuhause und in Würde verbringen wird und dass wir keine invasiven Eingriffe machen werden, um den Lauf der Dinge hinauszuzögern – sofern es das überhaupt tun würde.

Ohne Wasserzufuhr würde man erwarten, dass ein Leben in drei bis vier Tagen zu Ende geht. Wir haben jedoch gelernt, dass ein Körper in dieser Situation sehr wenig Flüssigkeit benötigt und der Prozess durchaus ein bis zwei Wochen betragen kann. Nun wussten wir, mit welchem Zeithorizont wir es zu tun haben.

Es war eine angenehme Ruhe und Stille im Haus. Der Fokus war auf Marie-Christine gerichtet. Und so verbrachten wir eine große Zeit an ihrer Seite. Mal waren wir alle drei gleichzeitig bei ihr, dann zu zweit und nur einer von uns. Auch haben wir ihr Freiräume gelassen, allein zu sein. Denn häufig möchten Sterbende den letzten Schritt alleine gehen, wenn niemand dabei ist.

Auch sie war ganz ruhig. Nach wie vor verstand sie alles, was wir sagten. Und sie reagierte, wenn sie wollte, vor allem mit ihrer Mimik. Sie verdrehte die Augen oder riss sie weit auf, verzog die Augenbrauen, runzelte die Stirn oder hatte ein Lächeln auf den Lippen. Und so gab es doch noch einige Kommunikation mit ihr, auch ohne viele Worte von ihr. Es war so schön und berührend, das mitzuerleben.

Es war eine Stimmung, die sich abwechselte zwischen Freude und Traurigkeit. Leben und Tod direkt nebeneinander. Da war Ann-Catherine, die zu Marie-Christine ans Bett kam und ihr strahlend berichtete, wie toll das Konzert war, das sie besucht hatte, oder wie es im Reitunterricht war. Und Marie-Christine, die es sich anhörte und sich sicher auch mit ihrer Schwester mitfreute. Wie es im Verborgenen bei ihr aussah, das wussten wir nicht.

Ich glaube, der Tod an sich war kein Schreckgespenst mehr für Marie-Christine. Auf mich wirkte es, als hätte sie in den letzten Tagen schon viel Kontakt mit der anderen Seite gehabt. Ihr Blick ging immer wieder nach oben und in Richtung Fenster und es sah so aus, als würde sie mit jemandem sprechen.

Ich glaube aber auch, dass sie Angst vor dem Sterben hatte. Wir haben sie, so denke ich, gut darauf vorbereitet, was nun kommen wird und dass es in Ordnung ist, den nächsten Schritt zu gehen, dass sie diesen jedoch alleine machen müsse. Doch das Loslassen schien ihr schwerzufallen.

Zu stark war noch ihr Lebenswille, zu stark war noch ihr Herz, zu stark ihre Bindung zu ihren Eltern und ihrer kleinen Schwester. Und so gab sie Ann-Catherine tatsächlich noch ausgesprochen einige Eigenschaften für das Leben mit auf den Weg, die ihr wichtig waren, bevor sie ging. «Sei glücklich, fröhlich, stark, mutig und frei.» Welch eine starke Botschaft von Marie-Christine an ihre Schwester!

Marie-Christines Puls stieg stetig an. In den letzten 48 Stunden lag er immer bei über 190. Für uns Außenstehende ein unglaublicher Wert und nicht nachvollziehbar, wie man das aushält. Es ist wohl aber nicht ungewöhnlich, dass dies gegen Ende so passiert, und ein junges Herz verträgt das auch problemlos. Erstaunlicherweise war sie nach außen hin immer noch komplett ruhig, rief aber auch immer wieder nach Mama und Papa.

In den letzten vier Stunden beschleunigte sich die Atmung. Barbara und ich waren ganz nah bei ihr. Es wirkte nicht so, als wolle sie allein gehen, und so haben wir sie bis zum letzten Atemzug begleitet. Um 4:44 Uhr hörte sie auf zu atmen und ihr Herz verstummte.

Es gibt Glaubensrichtungen, die davon sprechen, dass sich Kinder als gestaltlose Seelen vom Himmel aus ihre Eltern selbst aussuchen und eine Aufgabe auf der Erde zu erfüllen haben. Wir gewinnen diesem Gedanken etwas Schönes ab und fühlen uns geehrt, Mama und Papa von Marie-Christine zu sein. Es macht uns sehr stolz, die Eltern von ihr zu sein, wenn wir auf sie schauen und ihre Eigenheiten sehen. Ein eigensinniges Kind, das immer wusste, was es wollte und auch nicht wollte. Ein warmherziges Kind, das sich für andere einsetzte und mit ihnen mitfühlte. Ein freudiges Kind, das so gern sang, tanzte und mit Freunden und ihrer Schwester draußen spielte. Ein Mädchen, das auf ihrem Weg so viele Menschen bewegt hat.

Und für mich stellt sich auf einmal die Frage, warum gerade sie jetzt schon gehen musste. Eine Frage, die ich mir in all den Monaten der Behandlungen nie gestellt habe. Aber jetzt kommt sie auf. Die Antwort mag einfach sein. Weil sie die Stärkste ist und ihre Aufgabe bei uns erfüllt ist. Ihre Seele ist wieder nach Hause gegangen und wird von dort auf uns schauen.

Welche Lektion sie uns mitgegeben hat, können wir im Moment nur erahnen. Es wird uns sicher in der nächsten Zeit klarer werden und wir werden in diesem Sinne weiterleben.

Mach's gut, meine Tochter.
Ich werde Dich unendlich vermissen.

Dein Papa

Briefe an die Eltern

Drei Tage nach der OP

Liebe Eltern,

eventuell erzählen Eure Kinder, dass Marie-Christine nicht in der Schule war und heute ein Brief von ihr vorgelesen wurde. In kindlicher Sprache haben wir versucht zu erklären, wie es ihr geht und was sie die letzten Tage erlebt hat. Damit Ihr auch wisst, um was es genau ging, hier einige Informationen für Euch.

Für uns überraschend wurde Freitagmittag ein Tumor in ihrem Gehirn festgestellt. Sie wurde direkt nach Basel an das Uni-Kinderspital überwiesen und bereits am Samstag operiert.

Innerhalb von 48 Stunden war unsere Welt eine andere und unsere Sorge sehr groß. Heute wissen wir, dass der Tumor fast vollständig entfernt wurde, allerdings wissen wir noch nicht, wie die Behandlung weitergeht.

Gerne würden wir sagen, dass die Prognosen nach der OP sehr gut sind, und tatsächlich haben uns die Neurologen bestätigt, dass sie in einer guten Ausgangslage ist und keine Folgeschäden durch die OP entstanden sind.

Trotzdem ist es so, dass wir heute noch nicht wissen, mit welcher Art von Tumor wir es zu tun haben und welche Schritte in der weiteren Behandlung kommen werden. Wir wissen auch nichts zu den Prognosen. Geduld und Hoffnung wird uns abverlangt. Unsere Tochter ist die beste Lehrmeisterin. In den letzten Tagen ist sie über sich hinausgewachsen.

Wir kennen Euch und schätzen den guten Zusammenhalt in der Klasse – daher auch diese transparente Kommunikation. Marie-Christine ist besonders. Ein Tumor trifft eines von 100.000 Kindern.

Wir werden auch in Zukunft regelmäßig Updates geben, denn eine Krankheit in diesem Ausmaß betrifft nicht nur die Person und die Familie, sondern auch das Umfeld.

Deshalb sind wir sehr dankbar, dass Frau K. und Frau W. gemeinsam mit der Schulsozialarbeiterin die Klassenkameraden von Marie-Christine betreuen, Fragen auffangen und begleiten.

Wir bitten Euch, positiv zu bleiben, auch wenn wir wissen, dass eine solche Nachricht für alle Eltern ein Schock ist und sofort das «Was wäre, wenn ...»-Gedankenkarussell einsetzt. Marie-Christine ist stark!

Aktuell konzentrieren wir uns auf Marie-Christine und ihre Schwester – und werden daher auch Eure Reaktionen gerne, aber vielleicht nicht direkt beantworten können.

Danke, dass Ihr Eure Kinder unterstützt, bitte gebt ihnen mit, wie wichtig es ist, positiv zu bleiben, und dass Marie-Christine auch mit dieser Diagnose ein achtjähriges Mädchen ist, welches mal mehr, mal weniger gerne zur Schule geht, Spaß hat und für ihre tollen Freunde dankbar ist.

Drei Wochen nach der OP

Heute hat die Schule begonnen, wobei die letzten drei Wochen für uns absolut nicht wie Ferien waren.

Christian und ich haben einen Crashkurs in Tumorresektion, Anästhesie bei Kindern, chirurgischen Interventionen und so nebenbei noch Onkologie erhalten. Wir wissen jetzt, wie wunderbar einfühlsam Pflegende trotz eines Gesundheitssystems am Anschlag sein können, hatten die besten Ärzte im Kinderspital in Basel und unterscheiden in Sekunden, wer Marie-Christine als spannenden medizinischen «Case» oder als Mensch sieht und heilen möchte.

Spätestens nach dem Brief an Eure Kinder kombiniert Ihr richtig: Das «Ding» in Marie-Christines Gehirn hat sich als äußerst seltener und sehr aggressiver Tumor herausgestellt. Der Tumor konnte in zwei OPs komplett entfernt werden. Es gibt keine Metastasen und neurologisch ist Marie-Christine fit, wie wenn nichts gewesen wäre. Ja. Wir sind extrem dankbar. Jetzt kommt das Aber:

Wir waren und werden transparent sein – der Tumor ist so selten, dass kein Arzt eine Prognose abgibt – außer einer klaren Ansage: Kampf. Den ersten Chemoblock hat Marie-Christine überstanden, der zweite folgt schon in dieser Woche. Bestrahlung und weitere Chemos werden ebenfalls folgen.

Was die Ärzte nicht immer ahnen, ist, dass wir als Familie weiter denken als «Schulmedizin». Unser Motto: weg damit. Gefolgt von Glauben, Liebe und Hoffnung. Wir werden «das Ding» mit Liebe fluten, gegen uns hat es keine Chance. Und wir sind viele.

Von Schulbesuch – auch wenn Marie-Christine das gerne möchte – wird in der dritten Schulstufe nur in der Ausnahme die Rede sein ... und wenn, dann unter besonderen Sicherheitsmaßnahmen, denn ihr Immunsystem ist jetzt schon geschwächt. Außerdem wollen wir prüfen, welche Möglichkeiten denkbar sind, dass Marie-Christine zum Beispiel per Live-Stream am Unterricht teilnehmen könnte.

Schule bedeutet für Marie-Christine nun, so gut es geht, Teil eines Klassenverbands zu sein. Und wir sprechen hier nicht von irgendeinem Klassenverband. Wir sprechen vom besten Klassenverband, den Marie-Christine sich vorstellen kann und von dem wir Eltern bis dato nur ahnen konnten, wie großartig er wirklich ist. Gestützt von einem Team, das die Kinder begleitet, jenseits vom Lehrplan 21 und vom Bildungsauftrag auf Papier. DANKE dafür – Sie machen einen Unterschied im Leben dieser jungen Menschen.

DANKE – auch an Euch als Eltern, dass Ihr Eure Kinder zu so mitfühlenden Kindern erzogen habt. Die Bilder, Sprachnachrichten, Karten aus dem Urlaub, die Briefe und sogar Geschenke, die Marie-Christine erhalten hat, die haben uns gerührt und berührt. Wir haben Eure Tränen auf Distanz gespürt, ebenso wie Eure Besorgnis, Schockstarre, Euren Wunsch zu helfen und Eure echte Anteilnahme. All das hat uns in diesen letzten drei Wochen Halt gegeben und getragen durch Abgründe, die wir nicht für möglich gehalten haben und die wir jetzt auch immer noch surreal finden.

Ebenso wie wir transparent sind – so möchten wir Euch auch einladen: Meldet Euch, wenn Euch danach ist. Oder auch nicht. Schreibt, wenn Ihr Lust habt, oder auch nicht. Kommt vorbei – mit Voranmeldung und nur wenn topfit – oder auch nicht.

Habt bitte einfach Marie-Christine als fröhliches Mädchen im Kopf. Gebt dem Tumor keinen Raum. So wie auch wir unser Ziel von einem gesunden Mädchen vor Augen haben. Werdet Teil unseres Teams, indem Ihr Liebe ausstrahlt. Wann, wo und wie auch immer. Am besten immer. ;-)

Wir planen, Euch und die Kinder regelmäßig zu informieren, sind offen für alle Fragen und auch dankbar für Euer Feedback, wenn Ihr den Eindruck habt, es wird zu viel oder zu wenig.

Achtet gut auf Euch – und danke für alles.

Acht Wochen nach der OP

Nachdem Marie-Christine letzte Woche kurz bei ihren Klassenkameraden war, hier auch wieder ein kurzes Update für Euch.

Irgendwie können wir es gar nicht glauben, haben das Zeitgefühl verloren und dennoch sind seit der Diagnose schon acht Wochen vergangen. Marie-Christine bekommt für die diversen Untersuchungen und Interventionen sogenannte «Mutperlen», und es ist schön zu sehen, wie sie sich darüber freut, aber auch erschreckend zu sehen, wie lang diese Perlenkette mittlerweile schon ist.

Sie geht meist gelassen durch die Untersuchungen, ist aber gerade auch bei neuen oder unangenehmen Dingen verständlicherweise ängstlich. Gute Erklärungen helfen sehr und langsam wird sie mit ihren achteinhalb Jahren zum Profi. So gibt sie zum Beispiel der Spitex (spitalexterne Hilfe und Pflege) durch, was es noch an Vorbereitungen braucht, oder sagt den Pflegenden, welche Schritte sie wie ausgeführt haben möchte. Sie lernt ganz viele neue Kompetenzen, auf die harte Tour ...

Wir sind in einer wilden Achterbahn unterwegs, Planung ist so was von überbewertet. Mittwoch zum Beispiel hätte ein Chemoblock beginnen sollen – da sie aber aus dem Nichts Fieber bekommen hat, war alles in Warteposition. Und so warten wir. Wie viele Stunden es mittlerweile sind, haben wir aufgehört zu zählen. Und dann heißt es plötzlich bei der Visite wieder, dass wir mit der Chemo starten. Also geht es los. Wie sie darauf reagiert ... das ist jedes Mal anders. So wichtig die Behandlung auch ist – sie verlangt ihr viel ab, und zu erleben, wie geduldig sie meist ist – das berührt uns sehr.

Klingt alles ernüchternd, ist es, ehrlich gesagt, auch. Neben all den Unsicherheiten und neuen Themen gibt es auch Konstanten. Ihr beziehungsweise der Kontakt zu Euren Kindern ist ein ganz wichtiger Teil von Marie-Christines Leben. Die fast täglichen kurzen Nachrichten mit Geschichten aus dem Alltag bringen das «Normale» in ihre medizinischen Abläufe und das ist so wertvoll. Danke an die ganze Klasse, die hier so achtsam ist und Marie-Christine vermittelt, dass sie immer noch dazugehört. Und das, obwohl sie wenig sichtbar ist und auch nicht immer antwortet. Wir wissen diesen «Aufwand» sehr zu schätzen, ohne ein so engagiertes Lehrerteam und großartige Kinder wäre dies nicht möglich.

Was auch fantastisch ist, das sind die vielen kleinen Briefe, Nachrichten und auch liebevollen Geschenke, die wir «nebenbei» erhalten – wir staunen immer wieder über Eure Kreativität und sind so dankbar, dass diese Überraschungen immer ein Lächeln bei ihr hervorrufen (bei uns auch, wenn sie mal teilt).

Manchmal sind sogar kurze Spaziergänge im Park möglich. Da kommt es auf das Wetter und die Untersuchungen an. Gerne einfach melden, wenn Ihr vorbeikommen mögt. Und bitte nicht irritiert sein, wenn wir kurzfristig absagen oder umplanen müssen. Oder Euch nicht ins Haus bitten, denn die Infektionsrisiken sind einfach sehr hoch.

Wir waren total berührt über das Video, das die Klasse erstellt hat – Ihr könnt gar nicht ahnen, wie oft dies bei uns läuft und wie stolz Marie-Christine ist, dass die Klasse eine so tolle Aktion auf die Beine gestellt hat. Eure Kinder sind Stars!

Wir staunen auch immer wieder über die Fragen, die im Raum oder über Teams kommen. Es ist gar nicht so einfach zu erklären, was eine Chemo macht, wie ein MRI abläuft oder wie die Narkose wirkt. Außerdem hoffen wir immer, dass es nicht zu viel Info für Eure Kinder ist. Wir bitten Euch, uns offen mitzuteilen, wenn das Thema «Tumor oder Krebstherapie» zu anstrengend oder einfach nur nervig wird. Denn bei aller Tragik in der Erkrankung ist es wichtig, dass Eure Kinder weiter unbeschwert bleiben.

Gerne möchten wir auch einen wichtigen Meilenstein mit Euch teilen. Der Therapieplan ist aufgrund der Aggressivität des Tumors sehr streng. Durch die vollständige Entfernung des Tumors hatte Marie-Christine den bestmöglichen Start in die Chemo. Dennoch haben wir gebangt, was das erste Kontroll-MRI zeigen wird. Vor einer Woche war es so weit … und wir haben uns extrem mit ihr gefreut, dass kein Tumor ersichtlich ist. Jetzt geht es voller Energie weiter. Die Chemoblöcke gehen im Zwei-Wochen-Takt weiter.

Diesen Montag folgen erste Gespräche am PSI in Bezug auf die anstehenden Bestrahlungen. Wir können uns glücklich schätzen, in der Schweiz zu leben und Zugang zu einem der besten Protonenzentren weltweit zu haben, in welchem Marie-Christine ab Dezember dann sechs Wochen lang fünfmal pro Woche bestrahlt wird. Wir sind gespannt auf die vorbereitenden Gespräche und sehr froh, dass sie diese wichtige Behandlungsoption nutzen kann. Auch wenn es auf uns als Eltern futuristisch bis hin zu unglaublich wirkt, was die Technik alles ermöglicht und auch viel Vertrauen braucht, den Kopf des eigenen Kindes bestrahlen zu lassen.

Die nächsten Wochen werden intensiv werden. Wir sind dankbar, auch für Ann-Catherine Unterstützung durch die Großeltern zu haben. Für Ann-Catherine ist es stressig zu wissen, dass die große Schwester wieder ins Krankenhaus muss, oder irritierend, wenn abends plötzlich Hektik aufkommt, weil das Thermometer bei Marie-Christine 38,5 Grad anzeigt und wir uns für den Aufbruch ins KSA bereit machen, um eine mögliche Sepsis aufgrund des geschwächten Immunsystems zu bekämpfen. Sie macht es sehr gut, aber auch ihr würden wir gerne mehr Normalität bieten.

Falls Ihr als Eltern Fragen habt, freuen wir uns sehr über Eure Kontaktaufnahme und wünschen Euch, dass Ihr möglichst gesund durch diese virenheftige Zeit kommt. Wir wünschen Euch auch, dass Ihr trotz Jahresendhektik genug Zeit für Euch und Eure Kinder findet.

Wir überlegen (und es wird spontan sein), einen kleinen Weihnachts- oder Neujahrsapéro bei uns draußen zu machen, und würden uns freuen, Euch mit Marie-Christine bei der Gelegenheit zu sehen und uns persönlich zu bedanken.

Fünf Monate nach der Diagnose

Jetzt sind es über fünf Monate, dass Marie-Christine die Diagnose Hirntumor erhalten hat. Wir wissen gar nicht, ob das nun kurz oder lang ist. Die Zeit ist mit medizinischen Terminen nur so dahingeflogen, und obwohl wir Tag für Tag schauen, wie es geht, können wir uns an vieles gar nicht mehr erinnern.

Besonders die Zeit im PSI ist an uns vorübergezogen. Wir hatten über 30 Termine mit Vollnarkose und Bestrahlung an einem hochtechnischen Ort – und gleichzeitig mit den wunderbarsten Menschen und Ärzten. Diese Kombination ist außergewöhnlich und Marie-Christine schwärmt immer noch von ihrem Team und möchte «einfach so» vorbeifahren. Auch wir als Eltern haben uns dort, so blöd es klingen mag, sehr wohlgefühlt – die Kommunikation war immer transparent, Fragen wurden beantwortet, das Team vom Kinderspital hat neben der Narkose auch wertvolle Tipps gegeben und so auch insgesamt dazu beigetragen, dass Marie-Christine die Phase gut überstanden hat.

Dennoch war dieser Teil der Behandlung mit Bestrahlung unter der Woche und Chemo am Wochenende wirklich extrem anspruchsvoll. Wir sind froh, dass sie durch ihren eisernen Willen den Gewichtsverlust so weit im Griff hatte, sodass sie auf eine Magensonde zur künstlichen Ernährung verzichten konnte.

Auch für Ann-Catherine waren diese Wochen heftig. Sie hat gelitten und teilweise auch nicht verstanden, warum Mama und Marie-Christine den halben Tag gemeinsam unterwegs sind, während sie zur Schule muss. Ja, es macht Sinn, auch die Geschwister onko-psychologisch begleiten zu lassen. Dort hat sie auch eine neue Stoffpuppe bekommen, den sogenannten «Sorgenfresser». Der hatte viel zu tun in den letzten Wochen.

Marie-Christines Besuche in der Schule sind weniger geworden, was nicht mit fehlendem Interesse, sondern mit einem ganz anderen Rhythmus und auch Risiken verbunden ist. Nach jeder Chemo fallen ihre Blutwerte ab, ihr Immunsystem ist in der Phase quasi inexistent. Wir vermeiden dann alle Risiken einer Ansteckung – denn diese würde sie ein paar Tage mehr ins KSA bringen und eine Antibiotikabehandlung bedeuten. Und langsam sind wir krankenhausmüde. Auch wenn die Pflegenden alles tun, es ist mühsam und raubt Energie. Das Umfeld ist keines, das hilft, gesund zu werden. Ihre Regenerationsphasen werden länger (aus Onkologensicht «ganz normal» – aber für uns nach wie vor unschön). So kam es diese Woche wieder zu einer Bluttransfusion und einem weiteren langen Aufenthalt mit unplanbarer Rückkehr. Wir Eltern jonglieren Prioritäten, planen, um umzuplanen, und warten, warten, warten. Wir versuchen, teils widersprüchliche Aussagen zu verstehen, unterschiedliche Herangehensweisen zu akzeptieren, und hoffen immer, dass in der Behandlung nichts schiefgeht. Denn, kleiner Diskurs, das medizinische System ist am Anschlag.

Insgesamt sind wir müde geworden. Die vielen Termine, die Wartezeiten, die schleppenden Informationen, verpasste Planung von MRIs, Materialfehler und vage Aussagen von Ärzten machen uns mürbe. Auch wenn wir immer noch sehr dankbar sind, dass Marie-Christine wohl sehr gut auf die Behandlung anspricht. Konstante Ungewissheit, offene Fragen und eine geringe Planbarkeit der Zukunft sind anspruchsvoll. Für berufstätige Eltern ist dies nicht handhabbar – weshalb ich wieder zu 100 Prozent krankgeschrieben bin und Christian versucht, beide Welten zu jonglieren.

Das Behandlungsprotokoll sieht noch weitere drei Chemoblöcke vor – und dann, tja, dann ist die Behandlung im besten Fall abgeschlossen. Heute sitzen wir im KSA und schreiben diese Zeilen, während Marie-Christine ein MRI hat – außerplanmäßig, weil wir einige Veränderungen bemerkt haben, um zumindest ein bisschen Klarheit zu bekommen. Sicherheit gibt es sowieso nicht.

Und so leben wir im Moment und gleichzeitig planen wir eine hoffentlich gesunde Zukunft. Wir sind sehr dankbar, dass sich Schule, Neuropsychologen, Heilpädagogen, Ärzte und Psychologen zusammensetzen und überlegen, wie eine langsame Rückkehr in die Schule aussehen könnte.

Wie lange kann sie sich konzentrieren? Wie schnell wird sie ermüden? Hat sich ihr Intellekt nach all den Behandlungen verändert? Wie wird es sein, wieder in der Klasse zu sein? Kann sie den Stoff der dritten Klasse aufholen? Was überfordert? Was würde es bedeuten, die dritte Klasse nochmals neu zu starten? Wie geht es ihr physisch? Langzeitprognosen? Es sind viele Fragen, die besprochen werden. Denn es gibt kein Standardrezept, und Marie-Christine kann nur «ausprobieren», in bester Begleitung, mit vielen Beobachtungen, Gesprächen und Hoffnungen verbunden. Ihre Präferenz ist klar: Sie möchte mit ihrer Klasse sein. Wie, ob das sinnvoll ist – das gilt es herauszufinden.

Marie-Christine freut sich total, fast jeden Tag von ihrer Klasse zu hören. Die kleinen Nachrichten aus dem Schulzimmer freuen sie sehr und auch die persönlichen Kontakte sind fantastisch. Leider ist Planung immer noch so schwer, aber wir hoffen auf wärmeres Wetter, um einfacher vielleicht auch nicht bei ganz brillanten Werten einen gemeinsamen Spaziergang zu wagen. Kontaktiert uns gerne. Und wenn es mal kurzfristig nicht klappt, dann hat es nichts mit Euch zu tun.

Ein großes Kompliment auch wieder an Eure Kinder. Es ist herzerwärmend, die Witze zu hören, die Reaktionen auf Marie-Christines Nachrichten, die Bilder aus dem Kunstunterricht zu sehen und die Fragen zu hören. Auch wenn wir Ann-Catherine zur Schule bringen, kommen immer wieder Kinder auf uns zu und fragen, wie es Marie-Christine geht. Dieses Interesse zu spüren zeigt, wie toll diese Klasse ist. Danke, dass Eure Kinder so mitfühlend und interessiert sind – eine so wichtige Kompetenz. Und Danke, P. K., dass Du die Kinder begleitest und Marie-Christine immer als Teil der Klasse behalten hast.

Wie immer gilt: Danke für Eure Unterstützung, egal auf welche Art oder egal auf welchem Kanal – es ist schön, Normalität im System zu haben.

Wir senden Euch herzliche Grüße und sagen bis bald.

Achteinhalb Monate nach der Diagnose

Das Schuljahr neigt sich dem Ende zu und die Ferienplanung läuft bei vielen auf Hochtouren. Unsere letzte Nachricht ist einige Zeit her. Damals wurden wir informiert, dass Marie-Christine ein Rezidiv hat (der Krebs also zurück ist), aber eine kurative Behandlung möglich wäre. Die aus unserer Sicht fehlende Expertise, die Haltung und Ignoranz der behandelnden Ärzte hatte schwerwiegende Folgen.

Von uns genannte Alarmzeichen (die sich später als richtig herausstellten) wurden wochenlang ignoriert. Marie-Christine wurde entsprechend spät behandelt, was den Tumorzellen Zeit gegeben hat, sich massiv zu vermehren. Offensichtliche Warnhinweise wie zu hoher Hirndruck wurden außer Acht gelassen, was schlussendlich zu einer halbseitigen Lähmung und einer lebenswichtigen Not-OP in Basel geführt hat sowie außerdem einen Unterbruch der Bestrahlung zur Folge hatte.

Wir hatten schlichtweg nicht die Kraft, Euch ein Update zu geben, weil es teilweise so schlimm aussah, dass wir gar nicht wussten, ob und wie sie sich erholt.

Die gute Nachricht: Marie-Christine hat sich erholt, sie ist wieder mobil und hatte selbst entschieden, die Bestrahlung am PSI zu Ende zu führen. Sie geht sehr gut mit den nach wie vor vorhandenen Unsicherheiten im Alltag um. Sie verspürt regelmäßig ein unkontrollierbares Zittern der Hände und ist schnell müde. Sie macht trotzdem das, worauf sie Lust hat und was ihr guttut, braucht aber auch ihre Pausen.

Die schlechte Nachricht ist allerdings härter: Der Tumor hat auf eine Art und Weise gestreut, dass eine Heilung aus Sicht der behandelnden Ärzte nicht möglich ist. Der «Status» wurde auf palliativ geändert.

Marie-Christine wird weiter selbstbestimmt und ihren vorhandenen Ressourcen entsprechend den Kampf gegen ATRT fortführen. Nur sind die aktuellen Behandlungsmöglichkeiten, insbesondere nach den Fehlern der Vergangenheit, sehr eingeschränkt. ATRT ist ein komplexer Tumor. Es gibt aktuell zwar einige Erfolg versprechende Forschungsansätze, aber es sind erst Ansätze. Die vielversprechendsten Trials laufen vor allem in den USA, zu denen man als Nicht-US-Bürger keinen Zugang hat. Sogar das Beschaffen hilfreicher Medikamente aus den USA ist eine Herausforderung in der Schweiz.

Wir fühlen uns von dem nun verantwortlichen Team aus dem UKBB sehr gut unterstützt. Wir spüren, dass das interdisziplinäre Team dort die Extrameile bei der Behandlung von Marie-Christine geht, werden als Eltern transparent informiert und involviert – mit dem gemeinsamen Ziel der bestmöglichen Lebensqualität für unsere Tochter.

Ein großer Dank geht auch an das wunderbare Team vom PSI. Die craniospinale Bestrahlung so schnell aufzugleisen, das exzellente Anästhesieteam aus dem Kinderspital in Zürich und die Kombination aus Herz und Hirn (Forschung) dort hat das größte Potenzial, das Zellwachstum zu bremsen. Zumindest auf Zeit.

Und deshalb blicken wir mit gemischten Gefühlen auf diese Ferien. Wir genießen jeden «guten» Tag. Wir setzen unsere gesamte Energie auf Lebensqualität, sind im Hier und Jetzt und suchen trotzdem fieberhaft nach Behandlungsoptionen. Wir hoffen, dass die Statistik zu den Überlebenschancen lügt, und hoffen stattdessen auf ein Wunder. Dennoch müssen wir auch realistisch bleiben. Wir müssen uns darauf vorbereiten, dass sich der Zustand von Marie-Christine über die Zeit wohl verschlechtern wird. Es können jederzeit kognitive und physische Einschränkungen jeglicher Art auftauchen. Wie oder wann, das kann uns niemand sagen. Die Standardaussage der Ärzte dazu: «Es ist das Gehirn. Da ist alles möglich.» Das ist unbefriedigend und verunsichert, und dennoch ist es unser Alltag.

Unsere Familie wird von Psycho-Onkologen und einem Palliativ-Care-Team aus dem UKBB begleitet. Wir sind sehr dankbar für diese Unterstützung. Dem Team ist es wichtig, eine Beziehung zu Marie-Christine zu haben und sie so bestmöglich zu unterstützen.

Aktuell geht es ihr so gut, dass wir letzte Woche spontan für ein paar Tage nach Sylt geflogen sind. Welch tolle und längst überfällige Auszeit für uns, ist die letzte doch schon fast ein Jahr her. Zum offiziellen Ferienstart planen wir, auch noch ein paar Tage nach Österreich zu fahren, auch für Ann-Catherine ist diese teilweise «Normalität» so wichtig.

Das bringt uns zur Schule. Wann immer möglich, wird Marie-Christine zur Schule gehen. Sie wird auch am zweiten Juli beim Fest dabei sein, denn es ist P. K. und den Klassenkameraden gelungen, sie weiter als Teil des Klassenverbandes zu sehen. Dies gibt Marie-Christine eine ungeheure Kraft, immer wieder von ihrer Klasse zu hören und sie hin und wieder zu sehen.

Am normalen Unterricht teilzunehmen, wäre hingegen zu anstrengend für sie. Dafür genießt sie die Stunden mit E. S., die individuell auf ihre Bedürfnisse eingeht und ihr damit wichtige schöne und lehrreiche Momente schenkt. Marie-Christine wird offiziell auch in die vierte Klasse wechseln.

Was das dann genau bedeuten wird, das werden wir sehen. Wir sind dazu mit dem Team der Schule regelmäßig im Austausch.

Wir waren mit Euch transparent und so sind wir es auch mit Marie-Christine. Sie weiß, dass die Tumorzellen sehr fies sind und dass es schwierig wird, den Kampf zu gewinnen. Sie gibt den Weg vor und so mutig, wie sie ist, so mutig werden wir sie darin unterstützen. Wie wir gelernt haben, gibt es in der Medizin selten 0 oder 100 – den Raum dazwischen füllen wir immer noch mit Glauben, Liebe und Hoffnung. Worum wir Euch bitten: Seht in Marie-Christine trotz ihrer Veränderungen ein lebensfrohes Mädchen, das zwar offiziell Teil der 3d ist, aber in einer anderen Kategorie unterwegs ist. Sie mit anderen zu vergleichen, würde der Situation nicht gerecht werden. Sie ist aufgrund der Behandlungen nicht gewachsen. Auch ist sie nicht fit im Zahlenraum bis 1000. Dafür kennt sie medizinische Abläufe und hat an Reife, ja fast Weisheit gewonnen, sodass niemand glauben würde, dass sie erst neun Jahre alt ist.

Sie hat eine grausame Prognose. Sie ist radikal fokussiert. Und zwar auf eines: zu leben. Wir bitten Euch, Eure Kinder entsprechend auch so zu informieren, dass sie kämpft, dass der Krebs sehr böse ist und dass sie aus jedem Tag das Beste macht. Wie weit ihr mit den Ausführungen geht, überlassen wir Euch, nur bitte legt den Fokus auf das Positive, sie lebt.

Wir freuen uns auf ein Wiedersehen am Dienstag. Stand heute kommen wir und bringen Schoko-Cookies mit. Dieses Fest ist eine großartige Möglichkeit, die Entwicklungen unserer Kinder zu feiern. Jenseits von Zeugnissen und Prognosen, dafür dankbar zu sein, solch wunderbare Kinder zu haben und sie begleiten zu dürfen. Denn lasst uns ehrlich sein: Was morgen ist, wissen wir alle nicht – also lasst uns freudig den Moment genießen und authentisch bleiben. Emotionen sind wichtig und gut.

Zehn Monate nach der Diagnose

Wir hoffen, Ihr hattet schöne Ferien, konntet Euch mit Euren Kindern erholen und gemeinsam schöne Stunden verbringen.

Auch wir waren unterwegs. Wir sind zwischen Österreich und der Schweiz gependelt und haben Erholung mit Therapie verbunden. Wir fühlen uns voller Energie nach der gemeinsamen schönen Zeit. Auch für Ann-Catherine war die gemeinsame Zeit so wichtig. Die konstante Unsicherheit ist in den Hintergrund gerutscht und die Mädchen haben viel gemeinsam erlebt. Vielen Dank auch für Eure Karten, Nachrichten und Mitbringsel zwischendurch. Sie waren, wie immer, Highlights!

Gerne möchten wir Euch ein kurzes Update geben, damit ihr die aktuelle Situation besser einschätzen könnt, wenn Eure Kinder vielleicht davon erzählen, dass sie Marie-Christine in der Klasse gesehen haben.

Einen Tag vor den Ferien haben wir die Nachricht erhalten, dass das Zellwachstum verstärkt nachweisbar war. Dies war für uns eine niederschmetternde Nachricht. Wir hatten darauf gehofft, dass die letzten Bestrahlungen eine längere «Bremse» bewirken würden. Auch das MRI Mitte Juli hat einen Fortschritt der Krankheit bestätigt.

Gleichzeitig zählt für uns nur der Moment. Marie-Christine strahlt so viel Lebensfreude aus und ist so interessiert an allem, was passiert, dass wir fast gar nicht glauben können, wie diese Ergebnisse stimmen können. Und doch wissen wir, womit wir es zu tun haben. Auch sie weiß es und hat bestätigt, weiter kämpfen zu wollen.

Das Team im UKBB in Basel unterstützt uns großartig. Sie achten auf Marie-Christines Wohlbefinden, helfen uns, Veränderungen einzuordnen und Symptome zu behandeln, und geben uns damit Sicherheit, so «normal» wie möglich im Alltag zu sein. Gleichzeit spüren wir auch, dass Marie-Christine körperlich schwächer wird und sie nicht mehr so viel schafft, wie sie gerne würde. Wir sind dankbar, dass sie gelernt hat, ihre Grenzen zu erkennen und Pausen zu machen.

Unsere große Hoffnung ruht nun auf einem neuen Medikament aus Amerika, welches das Team vom UKBB für sie beschaffen konnte. Sie ist das erste Kind am UKBB und wahrscheinlich auch eines der wenigen in Europa, welches dieses erhält. Unsere Hoffnung ist groß, dass das Medikament den weiteren Fortschritt der Erkrankung bremst, und dennoch bleiben wir realistisch. Marie-Christine selbst sagt, sie spürt die Wirkung. Wir sind ganz am Anfang und hoffen, dass sie richtigliegt.

Was bedeutet das für den Schulalltag? Nun, ähnlich wie bereits im letzten Schuljahr wird Marie-Christine immer wieder versuchen, so «normal» wie möglich am Unterricht teilzunehmen. Wieder ist der Anspruch, sozial integriert zu bleiben. Schulische Leistungsaspekte rücken in den Hintergrund. Tatsächlich sehen wir die Teilnahme am Unterricht als Medizin für sie, wenn sie mit ihren Freunden zusammen sein kann. Je nach Tagesverfassung wird sie stundenweise am Unterricht teilnehmen, unregelmäßig und in kurzfristiger Abstimmung mit Herrn L. und dem Team.

Wir fanden es schön, dass am Montag der Start so unaufgeregt war. Sie hat sich einfach dazugesetzt, ohne große Erklärungen oder Distanz. So wünschen wir uns das auch für die Zukunft.

Worauf gilt es zu achten? Aufgrund der neuartigen Therapie fallen lange Spitalaufenthalte hoffentlich weg. Allerdings ist eine mögliche Nebenwirkung, dass das Immunsystem wieder leidet, weshalb wir sehr achtsam sein werden, was mögliche Infekte und ansteckende Krankheiten betrifft. Über proaktive Kommunikation wären wir dankbar, denn Marie-Christine muss nicht zur Schule kommen, sondern kann. Wir würden gerne zusätzliche Komplikationen so gut wie möglich vermeiden (und wissen, das Leben ist nicht ohne Risiko).

Da Ihr Marie-Christine einige Wochen nicht gesehen habt, hier auch ein physisches Update mit Aspekten, die Eure Kinder vielleicht wahrnehmen.

Körpergröße/Gewicht: Sie ist im letzten Jahr nicht gewachsen und damit die Kleinste in der Klasse. Sie ist extrem dünn. Dies sind Nebenwirkungen der Behandlung, die wir kaum beeinflussen können.

Kopf: Sie trägt nicht immer ihre Mütze. Man sieht die große Narbe, einen kleinen Schlauch unter der Haut und die bereits bekannte Kapsel. All das sieht gewöhnungsbedürftig aus, tut aber absolut nicht weh. Wenn Eure Kinder Fragen haben, dann kann sie auch alles gut erklären.

Hände: Sie zittert manchmal. Es fällt ihr schwerer zu schreiben. Sie überspielt dies gekonnt und es schränkt sie selbst nur bedingt ein. Auch dies sind Aspekte des Krankheitsbildes und der Behandlung. Es ist schmerzfrei und wird manchmal als nervig von ihr beschrieben.

Bewegung: Sie geht vorsichtig, um nicht in Gefahr zu kommen zu stolpern, und springt gleichzeitig wild herum und fährt mit dem Velo. Hier weiß sie gut, was sie braucht, und hat auch gelernt, um eine stützende Hand zu fragen, wenn sie zum Beispiel die Treppe benutzt.

Konzentration/Aufmerksamkeit: Aufgrund der Erkrankung und Therapie hat sie viel einstecken müssen. Nicht immer ist sie voll fokussiert, außer etwas interessiert sie, dann zieht sie es durch.

Aufgrund des Krankheitsbildes ist es möglich, dass sie Kopfschmerzen hat, unter Übelkeit leidet oder gar einen Krampfanfall bekommt. Die Wahrscheinlichkeit, dass dies im Schulzimmer eintritt, ist sehr gering, aber nicht ausgeschlossen. Die Lehrer sind informiert und zur Sicherheit sitze auch ich (Barbara) meistens in einer ruhigen Ecke im Zimmer oder vor der Klasse, um gegebenenfalls agieren zu können. Solltet Ihr hier Fragen haben, meldet Euch gerne.

Ihr merkt, wir senden gemischte Signale, und einen detaillierten «Beipackzettel» für Marie-Christine zu schreiben, fällt uns nicht leicht. Wahrscheinlich brauchen ihn Eure Kinder auch gar nicht. Fakt ist, wir freuen uns über jeden guten Tag mit Marie-Christine und leben mit einer konstanten Unsicherheit. Unser Fokus bleibt auf Hoffnung und alles ordnet sich einer guten Lebensqualität unter. Uns zu besuchen, etwas mit Marie-Christine abzumachen und gemeinsame Unternehmungen sind meistens möglich und wir freuen uns auf persönliche Treffen mit Euch.

Mitte Mai hätten wir nicht damit gerechnet, dass Marie-Christine am Montagmorgen um acht Uhr im Klassenzimmer sitzen würde. Und doch, sie sitzt mitten im Kreis ihrer Klassenkollegen und berichtet über die Ferien. Wir sind berührt und sehr dankbar. Und Marie-Christine ist so glücklich, ganz «normal» dabei zu sein. Es sind solche Momente, die zählen. Das Leben will gelebt werden.

In diesem Sinn wünschen wir Euch einen guten Start nach den Ferien.

13 Monate nach der Diagnose

Wir waren immer transparent und möchten es auch jetzt bleiben. Jede Familie geht anders mit den Themen Krankheit, Tod und dem Leben im Allgemeinen um. Verzeiht uns also bitte, wenn wir zu direkt, zu wenig detailliert, zu persönlich, zu schnell oder zu langsam sind. Es gibt kein Richtig.

Marie-Christine kann den Kampf gegen die Zellen nicht gewinnen. Noch ist ihr Herz stark. Und dennoch möchten wir Euch mitteilen, dass sie diese Welt in absehbarer Zeit verlassen wird.

Wir sind unendlich traurig – aber noch viel dankbarer darüber, dass sie uns als ihre Familie ausgesucht hat.

Bitte geht mit dieser Nachricht so um, wie es für Eure Familie stimmig ist. Uns ist es wichtig, dass Eure Kinder nicht durch eine Ad-hoc-Nachricht der Schule von dem Ereignis erfahren werden, sondern dass Ihr sie begleiten und, wenn Ihr möchtet, auch vorbereiten könnt – so wie wir unsere Töchter begleiten. Denn nicht nur für Marie-Christine, sondern auch für Ann-Catherine ist die Zeit sehr herausfordernd.

Ihr dürft uns gerne direkt kontaktieren. Bitte verzeiht, wenn wir etwas länger brauchen, um zu antworten. Wir grenzen uns nicht ab, sondern sind dankbar zu wissen, dass Ihr an uns denkt. Auch jedes Schweigen ist genauso richtig wie jeder Versuch, ein Wort zu finden.

Zu gegebener Zeit werden wir uns bei Euch melden, um gemeinsam Abschied zu nehmen und das Leben zu feiern.

Die letzte Nachricht

Liebe Eltern,

bei unserer letzten Nachricht an Euch wussten wir, dass Marie-Christine auf dem Weg ist. Aber im Leben weiß man zeitlich wenig wirklich genau. Deshalb haben wir gelernt, nicht zu zögern und der Intuition zu vertrauen.

Marie-Christine ist am Montagmorgen verstorben. Wir sind uns sicher, Ihr werdet die richtigen Worte finden, um Euren Kindern zu vermitteln, dass sie sehr mutig ihren nächsten Schritt gemacht hat.

Auch die Schule hatte Zeit, sich auf die unmöglich vorbereitbare Situation einzustimmen. So wird es morgen auch von der Schule aus eine Nachricht an die Schüler geben. Ein Care-Team ist ebenfalls mit verschiedenen Angeboten vor Ort.

Wer möchte, kann auch persönlich von Marie-Christine Abschied nehmen. Sie ist am Mittwoch und Donnerstag am Friedhof Rosengarten Aarau aufgebahrt.

Eine Trauerfeier und ein separates Abschiedsfest möchten wir sehr gerne organisieren – dazu melden wir uns noch einmal.

Wir haben noch nicht realisiert, wie sehr sie uns fehlen wird – unsere sanftmütige Kriegerin, wunderbare Tochter und große Schwester.

Herzlichst
Barbara & Christian mit Ann-Catherine

Danksagungen

Es gibt so viele Personen, die uns in all den Monaten liebevoll unterstützt haben. Ich kann hier nur einige erwähnen.

Der größte Dank geht an meine Frau Barbara. Nur Deinem Einsatz auf allen Ebenen ist es zu verdanken, die bestmögliche Behandlung für Marie-Christine und die bestmögliche Betreuung für Ann-Catherine sicherzustellen. Du hast Dich selbst in der ganzen Zeit immer hintenangestellt und Dich nie geschont. Auch wenn Du manchmal meinst: «Hätte ich doch nur ...», so sind das die späteren Rückblicke, bei denen man es eh immer besser weiß als im jeweiligen Moment.

Ann-Catherine, Du hast als kleine Schwester sehr zurückstecken müssen. Wann immer es Dir möglich war, hast Du Dich so rührend und liebevoll um Deine große Schwester gekümmert.

Patrizia Kollbrunner, Du warst Marie-Christines Klassenlehrerin und hast Dich fast täglich darum bemüht, dass Marie-Christine sich in der ganzen Zeit der Krankheit weiterhin als Teil der Klasse fühlen durfte, obwohl sie kaum noch im Unterricht war.

Evica Schmid, als Heilpädagogin hast Du, wenn es für Marie-Christine gesundheitlich möglich war, Einzellektionen mit ihr in der Schule gemacht, wobei immer der Spaß im Vordergrund stand.

Die Damen der Spitex, Sie haben es möglich gemacht, dass Marie-Christine auch zu Hause medizinisch versorgt werden konnte, und uns dadurch so manche Tage den Aufenthalt im Spital erspart.

Die Ärzte des Kinderspitals Basel, allen voran Dr. Kathrin Hauri und Dr. Johanna Wyss. Sie haben uns nach unserem Wechsel zum UKBB so unglaublich gut und eng unterstützt. Ohne Sie beide hätten wir viele Situationen nicht so souverän meistern können.

Alle Pflegefachpersonen im KSA und UKBB, Sie haben sich liebevoll um uns gekümmert, wenn wir ambulant oder stationär bei Ihnen waren.

Alle Eltern, die Ihr uns moralisch und tatkräftig unterstützt habt, uns Dinge abgenommen habt oder uns einfach nur kleine Aufmerksamkeiten vorbeigebracht habt.

Zu guter Letzt Oma Renate und Opa Gerhard. Ihr habt es über viele Monate mit uns im gleichen Haushalt ausgehalten, um uns jederzeit unterstützen zu können. Wir können es Euch gar nicht hoch genug anrechnen, was Ihr geleistet habt, obwohl Ihr ebenso wie wir emotional sehr betroffen wart.

Ein letzter Wunsch

When I am gone, do not fear my memory.

Do not be afraid to speak my name or look through old photographs. Do not be scared to play old videos so that you might hear my voice and see me laughing. Do not be wary of visiting my favourite places or eating my favourite foods or singing along to my favourite songs.

I know it will hurt. Those memories will remind you that I am gone. They will stab at you like a knife in an open, gaping wound. Raw, excruciating pain. But after a while the knife will become less sharp, the wound will become less open and the pain will become less raw. And those memories will remind you that I was here. That I lived.

Do not reduce my life to my death. Speak my name, hear my voice, sing my favourite songs and visit my favourite places. Because that's how I can stay alive a little.

Right here with you.

Becky Hemsley 2022

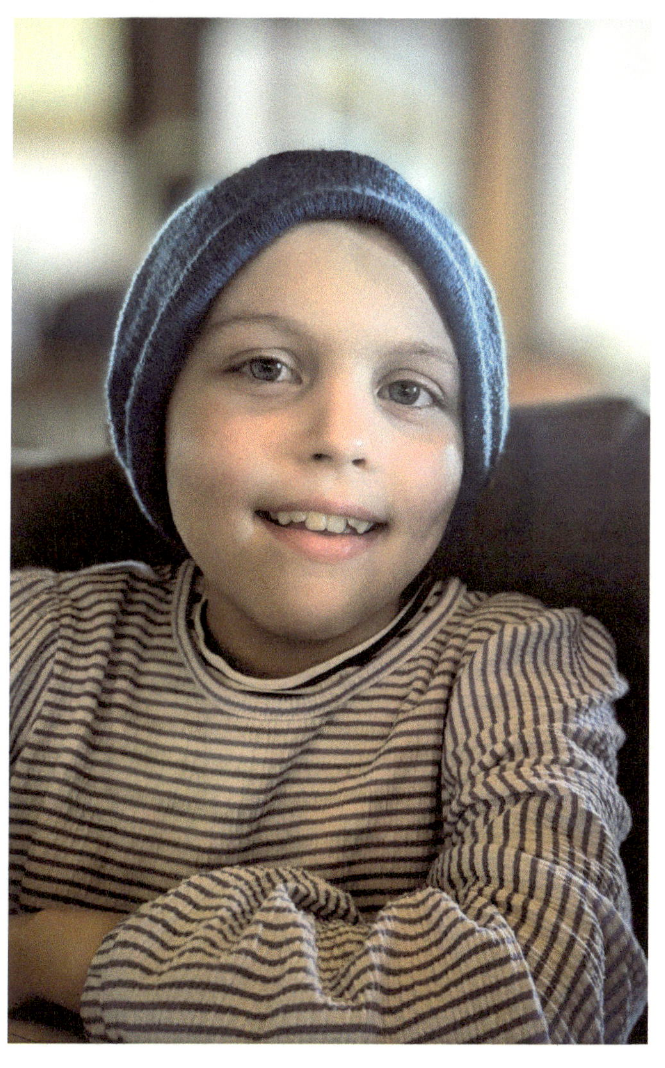

14. Mai 2015, 3:26 Uhr – 4. November 2024, 4:44 Uhr